爲中國入學
韓國語入門

중국인을 위한
한국어 첫걸음

為中國入學
韓國語入門

중국인을 위한
한국어 첫걸음

개정판 1쇄 발행 | 2024년 01월 31일

지은이 | 김영진

발행인 | 김선희 · 대 표 | 김종대
펴낸곳 | 도서출판 매월당
책임편집 | 박옥훈 · 디자인 | 윤정선 · 마케터 | 양진철 · 김용준

등록번호 | 388-2006-000018호
등록일 | 2005년 4월 7일
주소 | 경기도 부천시 소사구 중동로 71번길 39, 109동 1601호
　　　 (송내동, 뉴서울아파트)
전화 | 032-666-1130 · 팩스 | 032-215-1130

ISBN 979-11-7029-242-5 (93720)

結婚移民者寫的韓國語入門
결혼이민자를 위한 한국어 길라잡이

爲中國人學
韓國語入門

중국인을 위한
한국어 첫걸음

金英鎭 著
김영진 지음

매월당
MAEWOLDANG

前言

中韓兩國山水相依，一衣帶水，友好往來歷史長久。尤其是1992年重新建交以來，兩國人民在政治，經濟，文化上越來越密切，日益廣大發展。與此同時，學習對方的語是一種時代的趨勢。過去兩國交往的方法是古漢語(書面語)，相對比較難通用的語言。加上在韓國，朝鮮時代創了新的文字한글(Hangul)以後，兩國人民溝通的方法，越來越難了。

漢語是表意文字系統的孤立語，而韓語則是表音文字系統的粘着語。韓語主要依靠詞尾的變化來表現其語法関系，這一点和漢語有很大的區別。雖然兩國語言系統不同，但是相同點也很多。如韓語與漢語的書寫系統中，都有字母文字配合一個字。而且兩國文化交流源遠流長，各方面互相影向，言語方面也不另外，所以現在兩國通用語中許多有相似，相同的語音與詞匯。這方面就是對于中國人來說學習韓語有得天獨厚的優勢。

本書是爲了沒有韓語基础的讀者，采用了羅馬音標和拼

音兩種標注方法。盡量找到與漢語發音相近的單詞和
併音來標示其發音，其目的是希望幫助不懂韓語的讀者
們開口說韓語。本書的內容豐富實用，包含日常生活方
方面面的常用口語表達方式。涉及生活中最常見的高頻
場景：問時間, 問路, 電話, 求助, 交通, 住宿, 餐飲, 訪
問, 購物, 銀行, 郵局, 美容院, 租房等, 各種實生活的場
景, 情景。并收錄了有關韓國的傳統文化和風土人情等
內容, 對讀者了解韓國各方面的幫助。而且"附錄"則收
錄了韓國諺語, 中國駐韓大使館及總領事部, 中國銀行,
法務部地方出入境管理事務所, 外國人勞動者就業教育
申請接受機關, 中國航空, 船舶公司的連絡處等。幫助
您入境隨俗, 很快適應韓國的生活。由于筆者的水平有
限, 書中難免存誤謬和不足處, 敬請各位同仁和讀者批
評指正。

編者

實用篇

1. 가정과 일상생활(家庭和日常生活) ‣38

附錄 _ 185

基礎篇

01 한국어 소개(韓國語簡介)

韓語是指韓國人使用的固有言語, 1443年由朝鮮王朝第4代世宗大王創作的。韓語是一種拼音文字, 一共有40個基本字母, 其中有21個元音(母音), 19個輔音(子音)。此外, 當輔音出現在元音后面的時候, 叫做 "收音(韻尾)", 收音組織是一個輔音或兩個不同的補音結合的, 有27個。

◎ 單元音

ㅏ	ㅑ	ㅓ	ㅕ	ㅗ
a	ya	e	i-e	o
ㅛ	ㅜ	ㅠ	ㅡ	ㅣ
yo	u	i-u	ū	yi

◎ **雙元音**

ㅐ	ㅒ	ㅔ	ㅖ	ㅘ	ㅙ
ε	yε	ie	ye	wa	wε

ㅚ	ㅝ	ㅞ	ㅟ	ㅢ	
yue	wo/uo	yue	yu(ü)	ūi	

◎ **單輔音**

ㄱ	ㄴ	ㄷ	ㄹ	ㅁ
g-	n-	d-	l/r-	m-
ㅂ	ㅅ	ㅇ	ㅈ	ㅊ
b-	s-/x-	無聲-	z-/j-	c-
ㅋ	ㅌ	ㅍ	ㅎ	
k-	t-	p-	h-	

◎ **雙輔音**

ㄲ	ㄸ	ㅃ	ㅆ	ㅉ
gg-	dd-	bb-	ss-	zz-

◎ 單收音

ㄱ	ㄴ	ㄷ	ㄹ	ㅁ
-k	-n	-t	-l	-m
ㅂ	ㅅ	ㅇ	ㅈ	ㅊ
-p	-t	-ng	-t	-t
ㅋ	ㅌ	ㅍ	ㅎ	
-k	-t	-p	-t	

◎ 雙收音

ㄲ	ㄳ	ㄺ	ㄵ	ㄶ	ㅆ
-k	-k	-k	-n	-n	-t
ㄼ	ㄽ	ㄾ	ㅀ	ㅄ	ㄿ
-l	-l	-l	-l	-p	-m

※ 收音的發音是, 只發7個音, 卽 "ㄱ, ㄴ, ㄷ, ㄹ, ㅁ, ㅂ, ㅇ"。

※ 發音說明: 韓語'ㅕ', 'ㅠ', 'ㅐ', 'ㅒ', 'ㅙ', 'ㅚ', 'ㅓ' 等, 在漢語中沒有與相應的類音。因此, 本書則用下面用語來代標之。

'ㅕ': 本書卽用 'i-e' 來代標之。發音時, 先发韓語"ㅣ", 然后迅速滑到"ㅓ"。

'ㅠ': 本書即用 'i-u' 來代標之。發音時，先发韓語"ㅣ"，然后
　　　迅速滑到"ㅜ"。

'ㅐ': 本書即用 'ε' 來代標之。此音值相當於漢語拼音'ian'的
　　　'a'。發音時，嘴张的比"ㅏ"要小一些，嘴唇向两边拉紧
　　　一点，舌尖顶住下齿，舌面抬起靠近硬腭，这时舌面左
　　　右两边夹在上下齿之间，舌面与硬腭形成扁的椭圆形。

'ㅒ': 本書即用 'yε' 來代標之。發音時，先发韓語"ㅣ"，然后
　　　迅速滑到"ㅐ"。

'ㅙ': 本書即用 'wε' 來代標之。發音時，先发韓語"ㅗ"，然后
　　　迅速滑到"ㅐ"。

'ㅚ': 本書即用 'yue' 來代標之。發音時，先发韓語'ㅗ'，然后
　　　迅速滑到"ㅐ"。

'ㅢ': 本書即用 'ūi' 來代標之。發音時，先发韓語"一"，然后迅
　　　速滑到"ㅣ"。

韩国語的音节基本構成方式，元音，輔音和收音組成，
大致一共有4種方式。

1》 원음(元音)

如 : ㅏ [a], ㅑ [ya], ㅓ [e]...

※ 元音可以單獨構成一个音節，這时位于首音的 "ㅇ"，所以
　記述"아"，"야"，"어"。但"ㅇ"沒有實際音值，不發音，只
　有位于收音時才發音，如"앙[ang]"，"엉[eng]"等。

2》 보음(輔音)+원음(元音)

如 : ㄱ+ㅏ=가[g+a=ga], ㄴ+ㅏ=나[na]....

3》 보음(輔音)+원음(元音)+보음(輔音)

如 : ㄱ+ㅏ+ㄴ=간[g+a+n=gan], ㄴ+ㅏ+ㄴ=난[nan]...

4》 보음(輔音)+원음(元音)+보음(輔音)+보음(輔音)

如 : ㄱ+ㅏ+ㅄ=값[g+a+p=gap],

ㄷ+ㅗ+ㄺ=돐[d+o+l=dol]

韓字的寫法是從左到右, 從上而下寫。 韓語法基本結構是 "主語+賓語+謂語", 不同于漢語的 "主語+謂語+賓語"。 例如: 漢語的 "我去學校", 韓語是 "나는 학교에 간다", 意思就是 "我學校去"。 韓語的詞匯, 從其來源講, 大致可分爲固有詞, 漢字詞和外來詞三大類。 固有詞是指韓國固有的詞, 約占總詞匯的30%。 漢字詞是借用中國的漢字而構成的, 占50%左右。 外來詞是指總別的語言吸收來的詞, 約占總詞匯量的20%。

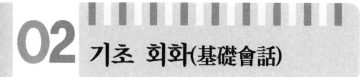

02 기초 회화(基礎會話)

1》 간단한 인사말(簡單的打招呼時用語)

喂。
여보세요.
i-e bo xie yo.

你好?
안녕하세요?
an ni-neg ha xie yo?

好走。
안녕히 가세요.
an ni-neg hi ga xie yo.

謝謝你的到來。
와 주셔서 감사합니다.
wa zu xi-e se gam ssa ham ni da.

初次見面!
처음 뵙겠습니다!
ce ūm buep ggie ssim ni da!

見到你很高興。
만나서 반갑습니다.
man na se ban gap ssim ni da.

久仰大名。
말씀은 많이 들었습니다.
mal ssi mūn ma ni dū re ssim ni da.

請多関照。
잘 부탁드립니다.
zal bu tak dū lim ni da.

再見。
다시 뵙겠습니다.
da xi buep ggie ssim ni da.

好久不見了。
오랜만입니다.
o rɛn ma nim ni da.

2》 감사와 사양어(感謝與客氣話)

感謝。
감사합니다.
gam sa ham ni da.

謝謝。
고맙습니다.
go map ssim ni da.

你誇奬了。
과찬이십니다.
gua ca ni xim ni da.

不客氣。
천만에요.
cen man ie yo.

對不起。
미안합니다.
mi an ham ni da.

請你理解我。
이해해 주세요.
yi hɛ hɛ zu xie yo.

没関系。
괜찮습니다.
guɛn can ssim ni da.

勞駕。
실례했습니다.
xil lie ham ni da.

辛苦了。
수고하셨습니다.
su go ha xi-e ssim ni da.

太麻煩你了。
너무 폐를 끼쳤습니다.
ne mu pie ril ggi qi-e ssim ni da.

非常感謝你的好意。
당신의 호의에 깊은 감사를 드립니다.
dang xi nie ho yi ie gi pūn gam sa ril dū lim ni da.

3》 긍정과 부정의 용어(肯定與否定的用語)

是。
네.
nie.

不是。
아니오.
a ni o.

好的。
좋아요.
zo a yo.

不行。
안 됩니다.
an duem ni da.

對。
옳아요.
o la yo.

不對。
맞지 않아요.
ma jji a na yo.

不太淸楚。
모르겠네요.
mo ri gien nie yo.

可以理解。
이해할 수 있어요.
yi hɛ hal ssu yi sse yo.

同意。
동의합니다.
do-ng yi ham ni da.

不同意。
동의하지 않아요.
do-ng yi ha ji a na yo.

4》 각종 감정 상태의 표현법(各種感情狀態表現法)

眞是過得很愉快。
정말 즐거웠습니다.
zeng mal zil ge wo ssim ni da.

過得幸福。
행복해요.
hɛng bok hɛ yo.

我愛你。
사랑합니다.
sa rang ham ni da.

太好了。
너무 좋아요.
ne mu zo a yo.

嚇死我了。
간 떨어지겠어요.
gan dde le ji gie sse yo.

累壞了。
지쳤어요.
ji qi-e sse yo.

無聊死了。
심심해 죽겠어요.
xim xim hε zuk gie sse yo.

令人窩心。
속상해요.
sok ssang hε yo.

悶倦。
싫증났어요.
xil zūzng na sse yo.

5》 청구의 표현법(請求的表現法)

能幫幫我嗎?
도와주실 수 있겠어요?
do wa zu xil ssu yi ggie sse yo?

請問。
좀 물어볼게요.
zom mu re bol ggie yo.

能占用你時間嗎?
시간 좀 내주시겠어요?
xi gan zom nɛ zu xi gie sse yo?

想拜托你。
부탁이 있어요.
bu ta gi yi sse yo.

別開我玩笑了。
놀리지 마세요.
nol li ji ma xie yo.

請讓一下!
좀 비켜주세요!
zom bi ki-e zu xie yo!

你教我韓國語吧!
한국말 좀 가르쳐주세요!
han guk mal zom ga ri qi-e zu xie yo!

這個能借給我看看嗎?
이걸 좀 빌려주시겠어요?
yi gel zom bil li-e zu xi gie sse yo?

在這兒抽烟嗎?
여기서 담배를 피워도 됩니까?
i-e gi se dam bɛ ril pi wo do duem ni gga?

請不要逃避責任。
책임을 회피하지 마세요.
cɛ gi mūl hue pi ha ji ma xie yo.

6》 수목(數目)

① 기수(基數)

韓語的基數分爲漢字詞和固有詞。如:

	固有詞	漢字詞			固有詞	漢字詞
1	하나[한]	일(一)	8	여덟	팔(八)
	ha na[han]	yil		i-e del	pal
2	둘	이(二)	9	아홉	구(九)
	dul	yi		a hop	gu
3	셋	삼(三)	10	열	십(十)
	xet	sam		i-el	xib
4	넷	사(四)	11	열 하나	십일(十一)
	neit	sa		i-el ha na	xib yil
5	다섯	오(五)		:	:
	da set	o		:	:
6	여섯	육(六)	20	스물	이십(二十)
	i-e set	i-uk		sū mul	yi xib
7	일곱	칠(七)	30	서른	삼십(三十)
	yil goup	qil		se lūn	sam xib

	固有詞	漢字詞		固有詞	漢字詞
40	마흔	사십(四十)	70	일흔	칠십(七十)
	ma hūn	sa xib		yil hūn	qil xib
50	쉰	오십(五十)	80	여든	팔십(八十)
	xūn	o xib		i-e dūn	pal xib
60	예순	육십(六十)	90	아흔	구십(九十)
	ye sun	i-uk xib		a hūn	gu xib

百以上沒有韓語固有詞，都用漢字量數詞。如：

백(百)，천(千)，만(萬)，십만(十萬)，백만(百萬)…억(億)，조(兆)。

bɛk, cen, man, xip man, bɛk man… ek, zo。

百以下的數字，可用固有數詞來念，也可以漢字詞來念。如：

	固有詞	漢字詞		固有詞	漢字詞
52	쉰둘	오십이(五十二)	201	이백 하나	이백일(二百一)
	xūn dul	o xib yi		yi bɛk ha na	yi bɛk yil

② 서수(序數)

序數詞表示順序的數詞, 序數詞也分爲漢字詞和固有詞。漢字序數詞, 由接頭辭제(第)-加漢字量詞構成, 固有詞, 첫째[cet zzɛ]外, 都固有數量詞加接尾辭-째[zzɛ]構成。而且百以上沒有固有序數詞。如:

固有詞	漢字詞	固有詞	漢字詞
첫째	제일(第一)	:	:
cet zzɛ	jie yil	:	:
둘째	제이(第二)	아흔아홉째	제구십구 (第九十九)
dul zzɛ	jie yi		
셋째	제삼(第三)	a hūn a hop zzɛ	jie gu xib gu
xet zzɛ	jie sam		

7》 시간과 일기의 표시법(時間和日期的表示法)

① 시간의 표시법(時間的表示法)

韓語在表示"시(時;點)"的時候, 用固有數詞, 表示"분(分)", "초(秒)"的時候, 用漢字數詞。如:

7時 30分。
일곱 시 삼십 분.
yil goup xi sam xib bun.

9時 15分 45秒。
아홉 시 십오 분 사십오 초.
a hop xi xib o bun sa xib co.

2 년, 월, 일의 표시법(年, 月, 日的表示法)

韓語表示年, 月, 日的詞匯有兩種, 卽固有詞'해', '달', '날'和漢字詞'년(年)', '월(月)', '일(日)'。兩詞有時可以互換, 但不能隨心所欲, 各有其固定用法。

① '년'의 표기법('年'的表記法)

固有詞	漢字詞
한 해	일 년(一年)
han hɛ	yil ni-en
아홉 해	구 년(九年)
a hop hɛ	gu ni-en
해마다	매년(每年)
hɛ ma da	mɛ ni-en

일천구백구십년(1990年)	yil cen gu bɛk gu xib ni-en
이천팔년(2008年)	yi cen pal ni-en

재작년(前年)	zɛ zak ni-en
작년(去年)	zak ni-en
금년(今年)	gūm ni-en
내년(明年)	nɛ ni-en
후년(后年)	hu ni-en

② '월'의 표기법('月'的表記法)

일월(一月)	yi luol	칠월(七月)	qi luol
이월(二月)	yi wol	팔월(八月)	pa loul
삼월(三月)	sam wol	구월(九月)	gu wol
사월(四月)	sa wol	시월(十月)	xi wol
오월(五月)	o wol	십일월(十一月)	xi bi luol
유월(六月)	i-u wol	십이월(十二月)	xi bi wol

固有詞	漢字詞	固有詞	漢字詞
한 달	일 개월(一個月)	두 달	이 개월(二個月)
han dal	yil gɛ wol	du dal	yi gɛ wol

固有詞	漢字詞	固有詞	漢字詞
석 달 sek dal	삼 개월(三個月) sam gɛ wol	열 달 i-el dal	십 개월(十個月) xib gɛ wol
넉 달 nek dal	사 개월(四個月) sa gɛ wol	열한 달 i-el han dal	십일 개월(十一個月) xib yil gɛ wol
다섯 달 da set dal	오 개월(五個月) o gɛ wol	열두 달 i-el du dal	십이 개월(十二個月) xib yi gɛ wol
:	:		

※ 固有數詞 하나(1), 둘(2), 셋(3), 넷(4)和一些依存名詞結
   合時, 分別變爲한, 두, 세(석), 네(넉)。如除了달(月)以外, 살
   (歲), 사람(人), 명(名), 개(個), 시간(小時), 시(時), 병
   (瓶), 그릇(碗)等等。

③ '주일', '일'의 표기법(週日, 日的表記法)

월요일(星期一)	wol yo yil
화요일(星期二)	hua yo yil
수요일(星期三)	su yo yil
목요일(星期四)	mog yo yil
금요일(星期五)	gūm yo yil
토요일(星期六)	to yo yil
일요일(星期天)	yil yo yil

오늘(今天)	o nūl
내일(明天)	nε yil
모레(后天)	mo lie
글피(大后天)	gūl pi
어제(昨天)	e jie
그저께(前天)	gū ze ggie
그그저께(大前天)	gū gū ze ggie

하루(一天)	ha lu
이틀(兩天)	yi tūl
사흘(三天)	sa hūl
나흘(四天)	na hūl
닷새(五天)	det sε
엿새(六天)	i-et sε
이레(七天)	yi lie
여드레(八天)	i-e dū lie
아흐레(九天)	a hū lie
열흘(十天)	i-el hūl
:	:
스무날(二十天)	sū mu nal

초하루(初一)	co ha lu
초이틀(初二)	co yi tūl
초사흘(初三)	co sa hūl
보름(十五日)	bo lūm
그믐(晦日)	gū mūm

일일(一日)	yil yil
이일(二日)	yi yil
삼일(三日)	sam yil
	:
이십구일(二十九日)	yi xib gu yil
삼십일(三十日)	sam xib yil
삼십일일(三十一日)	sam xib yil yil

8》 한국의 화폐(韓國的貨幣)

韓國的貨幣單位爲"원(元)"用'₩(won)'表示，紙幣有1000，5000，10000，50000元四種；硬幣有1元，5元，10元，50元，100元，500元六種。在日常生活中1元和5元幾乎不使用，10元也只用于找零。另外100000韓元的支票也流

通使用，使用时需出示身份証(護照，駕駛執照等)。

일원(1元)	yil uon
오원(5元)	o uon
십원(10元)	xib uon
오십원(50元)	o xib uon
백원(100元)	bɛk uon
천원(1000元)	cen uon
오천원(5000元)	o cen uon
만원(10000元)	man uon
오만원(50000元)	o man uon
십만원(100000元)	xib man uon
백만원(1000000元)	bɛk man uon

多少錢？
얼마예요?
el ma ye yo?

一共？
모두 얼마예요?
mo du el ma ye yo?

太貴了。
너무 비싸요.
ne mu bi ssa yo.

便宜一点兒吧。
좀 깎아주세요.
zom gga ga zu xie yo.

我買這個。
이걸 살게요.
yi gel sal gie yo.

我不買了。
사지 않겠습니다.
sa ji an kie ssim ni da.

可以換嗎?
바꿀 수 있습니까?
ba ggul ssu yi ssim ni gga?

請開一張發票。
영수증 주세요.
i-eng su zūng zu xie yo.

用信用卡支付。

카드로 지불하겠습니다.

ka dū ro ji bul ha kie ssim ni da.

在韓國，信用卡使用非常廣泛，持信用卡可以直接付賬，也可以從提款机中提取現金。信用卡在百貨商店及中等以上的商店都可以通用，使用时需出示護照(對外国人)。

實用篇

01 가정과 일상생활
(家庭和日常生活)

1» 자기와 가족소개(自己與親族介紹)

(1) 자기소개(自己介紹)

金 : 初次見面，我叫金永洙。

김 : 처음 뵙겠습니다, 저는 김영수라고 합니다.

gim : ce ūm buep ggie ssim ni da, ze nūn gim i-eng
su ra go ham ni da.

王 : 見到你很高興，我叫王小云。

**왕 : 만나서 반갑습니다, 저는 중국에서 온 왕소운
입니다.**

wang : man na se ban gap ssim ni da, ze nūn zong
guk ie se on wang so un yim ni da.

金 : 久仰大名。老鄉在哪里?

김 : 말씀은 많이 들었습니다. 고향은 어디세요?

gim : mal ssi mūn ma ni dū re ssim ni da. go hiang ūn
e di xie yo?

王 ： 我生在延邊長在長春。先生的家鄉在那里呢?
**왕 : 연변에서 태어나 장춘에서 자랐습니다. 선생
님의 고향은 어디세요?**

wang : i-en bi-en ie se tɛ e na zang cun ie se za lat
ssim ni da. sen sɛng nim ūi go hiang ūn e di
xie yo?

金 ： 我的家鄉是忠清道清州。
김 : 저는 충청도 청주입니다.

gim : ze nūn cung ceng do ceng zu im ni da.

王 ： 你做什么工作嗎?
왕 : 하시는 일이 무엇인가요?

wang : ha xi nūn yil yi mu e xin ga yo?

金 ： 辭職了公司, 現在做農事。
김 : 회사를 그만두고, 농사일을 하고 있습니다.

gim : hue sa ril gū man du go, nong sa yil ūl ha go yi
ssim ni da.

王 ： 你的愛好是什么?
왕 : 좋아하는 취미가 있나요?

wang : zo a ha nūn qu mi ga yit na yo?

金 ： 我喜歡釣魚。王小姐的愛好是什么?
김 ： 저는 낚시를 즐겨합니다. 미스 왕의 취미는
　　 무엇인가요?
gim : ze nūn nak xxi ril zil gi-e ham ni da. mi si wang
　　　 ie qu mi nūn mu e xin ga yo?

王 ： 我喜歡聽音樂, 看電影。
왕 ： 저는 노래와 영화감상입니다.
wang : ze nūn no rε wa i-eng hua gam sang yim ni da.

② 가족소개(親族介紹)

王 ： 你們家有幾口人?
왕 ： 가족이 모두 몇 분입니까?
wang : ga zo gi mo du mi-en bun yim ni gga?

金 ： 一共4口人, 爸爸, 媽媽, 哥哥和我。
김 ： 모두 네 명으로 아버지, 어머니, 형, 그리고
　　 저입니다.
gim : mo du nie mi-eng ū ro a be ji, e me ni, hi-eng,
　　　 gū li go ze yim ni da.

王 ： 哥哥有沒有結婚?
왕 ： 형님은 결혼했습니까?
wang : hi-eng nim ūn gi-er hon hεt ssim ni gga?

金 : 結婚了有兩個孩子。
김 : 결혼하여 아이가 둘이나 있습니다.
gim : gi-er hon ha i-e a yi ga dur yi na yi ssim ni da.

王 : 你的父母在哪兒工作?
왕 : 부모님은 어디서 일하십니까?
wang : bu mo nim ūn e di se yil ha ssim ni gga?

金 : 父親已經退休了, 母親是家庭主婦。
김 : 아버지는 이미 정년 퇴직하셨고, 어머니는 가
    정주부입니다.
gim : a be ji yi nūn yi mi zeng ni-en tiue jik ha si-et
       go, e me ni nūn ga zeng zu bu yib ni da.

王 : 今年大多年紀了?
왕 : 아버지의 연세는 몇이십니까?
wang : a be ji ūi i-en sie mi-et yi ssim ni gga?

金 : 今年65歲了。
김 : 올해 예순다섯 살입니다.
gim : ol hɛ ye sun da set sal yib ni da.

爺爺	할아버지	hal a be ji
奶奶	할머니	hal me ni
爸爸	아버지	a be ji
媽媽	어머니	e me ni
哥哥	오빠/형	o bba / hi-eng
姐姐	언니/누나	en ni / nu na
妹妹	여동생	i-e dong sɛng
弟弟	남동생	nam dong sɛng
姨媽	이모	yi mo
舅舅	외삼촌	yue sam con
姑姑	고모	go mo
叔叔	삼촌	sam con
兒子	아들	a dūl
女兒	딸	ddal
獨生子	외아들	yue a dūl
獨生女	외동딸	yue dong ddal
老小	막내	mag nɛ
妻子	집사람	jip ssa ram
丈夫	남편	nam pi-en
弟弟	동생	dong sɛng

2》 방문(訪問), 손님 대접(請客)

① 방문(訪問)

王 : 金先生！ 在家嗎？
왕 : 김 선생님! 집에 계세요?
wang : gim sen sɛng nim! jib ie gi-e xie yo?

金 : 歡迎，請進。
김 : 어서 오세요.
gim : e se o xie yo.

王 : 感謝你的邀請。
왕 : 초대해 주셔서 감사합니다.
wang : co dɛ hɛ zu xi-e se gam sa ham ni da.

金 : 請坐。
김 : 이쪽으로 앉으세요.
gim : yi zzog ū ro an zi xie yo.

王 : 這是小禮物，請收下吧。
왕 : 이건 작은 선물이지만 받아주세요.
wang : yi gen zag ūn sen mul yi ji man ba da zu xie
          yo.

金 : 謝謝。先喝杯茶吧。
김 : 감사합니다. 먼저 차 한 잔 하세요.
gim : gam sa ham ni da. men ze ca han zan ha xie yo.

王 : 好的, 這个茶很好喝。
왕 : 예, 이 차 아주 맛있네요.
wang : ye, yi ca a zu al ma xi nie yo.

② 접대(接待)

金 : 沒什么好準備的, 多吃點阿。
김 : 차린 건 없지만 많이 드세요.
gim : ca lin gen ep jji man ma ni dū xie yo.

王 : 哪兒的話。
왕 : 천만에 말씀이십니다.
wang : cen man ie mal ssim yi sim ni da.

金 : 不知道飯菜合不合你的口味。
김 : 음식이 입에 맞으실지 모르겠네요.
gim : ūm xig yi yib ie ma zi xil jji mo rū gie nie yo.

王 : 眞的好吃。你的廚藝眞不錯。
왕 : 참 맛있어요. 요리 솜씨가 대단하세요.
wang : cam ma xi sse yo. yo li som xxi ga dɛ dan ha xie yo.

金 : 別客氣, 多吃點。
김 : 사양하지 말고 많이 드세요.
gim : sa yang ha ji mal go ma ni dū xie yo.

王 : 吃的很好。
왕 : 맛있게 잘 먹었습니다.
wang : ma xig gie zal meg e ssim ni da.

金 : 再吃點吧!
김 : 더 드세요!
gim : de dū xie yo!

王 : 吃飽了 時間也不早了。我該走。
왕 : 많이 먹었습니다. 이제 갈 때가 되었어요.
wang : ma ni meg e ssim ni da. yi jie gal ddɛ ga due
       e sse yo.

金 : 再玩會兒吧。
김 : 더 놀다 가세요.
gim : de nol da ga xie yo.

王 : 不, 下次再到我們家來玩。
왕 : 아닙니다. 다음엔 우리 집에 놀러오세요.
wang : a nim ni da. da ūm ien u li jib ie nol le o xie yo.

金 : 好，我送你!
김 : 에, 제가 바래다 드릴게요!
gim : ye, jie ga ba rɛ da dū lil gie yo!

王 : 不必了，請留步。
왕 : 그럴 필요 없습니다, 안녕히 계십시오.
wang : gū ler pil yo ep ssim ni da, an ni-eng hi gie
       xip xxi yo.

金 : 路上小心，走好啊。
김 : 조심해 가세요.
gim : zo sim hɛ ga xie yo.

生詞

邀請	초대	co dɛ
小禮物	작은 선물	zag ūn sen mul
茶	차	ca
飯菜	음식	ūm xig
廚藝	요리 솜씨	yo li som xxi

3》 식사 대접(請吃飯)

① 식사 초대(請客)

金 : 一起去吃飯吧。
김 : 식사하러 같이 갑시다.
gim : xig ssa ha re ga qi gap xxi da.

王 : 好的。吃什么?
왕 : 좋아요. 무엇을 먹을까요?
wang : zo a yo. mu et ūl mek ūl gga yo?

金 : 你喜歡吃韓國菜還是中國菜!
**김 : 한국요리를 좋아하나요, 아니면 중국요리를
좋아하나요!**
gim : han guk io li ril zo a ha xie yo, a ni mi-en zong
guk io li ril zo a ha na yo!

王 : 都好, 今天吃韓國菜吧。
왕 : 다 좋은데요, 오늘은 한국요리를 먹으러 갑시다.
wang : da zo ūn de yo, o nūl ūn han guk io li ril mek
le ū gap xxi da.

金 : 今天我請客。
김 : 오늘은 내가 한턱 낼게요.
gim : o nūr ūn nɛ ga han tenk nɛl ggie yo.

王 : 謝謝, 下次我來請客。
왕 : 감사합니다. 다음엔 제가 내겠습니다.
wang : gam sa ham ni da. da ūm ien jie ga nɛ gie
     ssim ni da.

② 식사 주문(點菜)

店員 : 點菜吧?
점원 : 주문하시겠어요?
zem uon : zu mun ha xi gie sse yo?

金 : 王小姐, 要点什么呢?
김 : 미스 왕, 뭘 시킬까요?
gim : mi si wang, muol xi kil gga yo?

王 : 這兒什么好吃?
왕 : 뭐가 맛있어요?
wang : muo ga ma xi sse yo?

金 : 這兒菜都不錯, 其中烤牛肉是最好吃的。

김 : 다 맛있는데, 그 중에서 불고기가 제일 맛있다고 합니다.

gim : da ma xi nūn die, gū zong ie se bul go gi ga jie yil ma xi dda go ham ni da.

王 : 那就來烤牛肉吧!

왕 : 그럼 불고기를 시키세요!

wang : gū rem bul go gi rūl si ki xie yo!

金 : 好的, 這兒來兩份烤牛肉吧!

김 : 좋습니다, 여기 불고기 2인분 주세요!

gim : zo ssim ni da, i-e gi bul go gi yi yin bun zu xie yo.

③ 건배 및 계산(乾杯及結腸)

金 : 要什么飲料?

김 : 음료수는 뭘로 하시겠습니까?

gim : ūm nio su nūn muol lo ha xi gi e ssim ni gga?

王 : 請給我一杯茶! 金先生, 你喝燒酒吧!

왕 : 차 한 잔 주세요! 김 선생님은 소주 하시죠!

wang : ca han zan zu xie yo! gim sen sɛng nim ūn su zu ha xi zo!

金 : 好的, 這兒来一杯茶和一瓶燒酒!
김 : 좋아요, 여기 차와 소주 한 병 주세요!
gim : zo a yo, i-e gi ca wa so zo han bi-eng zu xie
        yo!

王 : 這兒的菜眞好吃。
왕 : 음식이 참 맛있어요.
wang : ūm xig yi cam ma xi sse yo.

金 : 那正好的。請多吃點。
김 : 다행입니다. 많이 드세요.
gim : da hεng yim ni da. ma yi dū xie yo.

王 : 好, 我来敬你一杯燒酒!
왕 : 예, 제가 소주 한 잔 올리겠습니다!
wang : ye, jie ga so zu han zan ol gie ssim ni da!

金 : 好的。爲王小姐的成功乾杯!
김 : 좋습니다. 미스 왕의 성공을 위해서 건배!
gim : zo ssim ni da. mi si wang ie seng gong ūl yu hε
        se gen bε!

王 : 今天玩得眞開心。
왕 : 오늘 즐거운 시간이었어요.
wang : o nūl zil ge un xi gan yi e sse yo.

金 : 再吃菜怎么樣?
김 : 더 드시겠습니까?
gim : de dū xi gie ssim ni gga?

王 : 不, 留下的菜可不可以我帶走。
왕 : 아니오, 남은 거 가져갈 수 있어요.
wang : a ni yo, nam ūn ge ga ji-e gal su yi se yo.

金 : 沒問題, 店員! 留下的菜請幫她包一下, 結
賬吧!
김 : 에, 점원! 남은 음식 싸주시고, 계산하지요!
gim : ye, zem uon! nam ūn ūm xik ssa zu xi go, gie
san ha ji yo!

生詞及有關詞滙

韓國菜	한국요리	han guk io li
中國菜	중국요리	zong guk io li
烤牛肉	불고기	bul go gi
飮料水	음료수	ūm nio su
燒酒	소주	su zu
干杯	건배	gen bɛ
結賬	계산	gie san

韓國式傳統套餐	한정식	han zeng xik
一椀米飯	공기밥	gong gi bap
泡菜	김치	gim qi
排骨煲	갈비찜	gal bi zzim
大醬湯	된장찌개	duem zang zzi gɛ
冷麵	냉면	nɛng mi-en
蔘鷄湯	삼계탕	sam gie tang
海帶湯	미역국	mi i-ek guk
粥	죽	zuk
紅小荳粥	팥죽	pat zuk
牛雜碎湯	설렁탕	sel reng tang
石鍋拌飯	돌솥 비빔밥	dol sot bi bim bap
炒飯	볶음밥	bogg ūm bap
雜菜飯	잡채밥	zap cɛ bap
燉鮟鱇魚	아구찜	a gu zzim
煎蔥餅	파전	pa zen
包肉菜	보쌈	bo ssam
辣火鍋	전골	zen gol
生魚片	회	hue
生拌牛肉	육회	i-uk hue
神仙爐, 火鍋	신선로	xin sen ro
九折板	구절판	gu zel pan
炒打糕	떡볶이	ddek bogg yi

4》 약속(約會)

金 : 明天是周六, 有沒有空?
김 : 내일은 토요일인데, 시간 있으세요?
gim : nɛ yil ūn to yo yil yin die, xi gan yi ssi xie yo?

王 : 對不起, 明天有約會。
왕 : 미안합니다, 내일은 약속이 있어요.
wang : mi an ham ni da, nɛ yil ūn yak ssog yi sse yo.

金 : 那么, 星期天怎么樣?
김 : 그럼 일요일은 어떻습니까?
gim : gū rem yil yo yil ūn e dde sim ni gga?

王 : 有時間的。那么見面打算去哪兒?
왕 : 시간이 있습니다. 무슨 계획이 있습니까?
wang : xi gan yi ssim ni da. mu sūn gie hueg yi ssim
ni gga?

金 : 看電影, 去附近的公園玩吧。
김 : 영화도 보고, 가까운 공원에 놀러갑시다.
gim : i-eng hua do bo go, ga gga un gong uon ie nol
le gap xi da.

王 ： 那就行。幾点在什么地方見面?
왕 : 좋습니다. 몇 시에 어디서 만날까요?

wang : zo ssim ni da. mi-e xxie ie e di se man nal gga yo?

金 ： 上午九点在首爾飯店門廳見面怎么樣?
김 : 오전 9시에 서울호텔 로비가 어떻습니까?

gim : o zen a hop xi ie se wul ho tiel ro bi ga e dde
       sim ni gga?

王 ： 好，一定去。
왕 : 네, 꼭 갈게요.

wang : nie, ggok gal gie yo.

金 ： 那我等你。
김 : 기다리겠습니다.

gim : gi da li gie ssim ni da.

生詞及有關詞匯

明天	내일	nɛ yil
星期六 周六	토요일	to yo yil
星期天	일요일	yil yo yil

打算	계획	gie hueg
電影	영화	i-eng hua
公園	공원	gong uon
首爾飯店	서울호텔	se wul ho tiel
門廳	로비	ro bi

5》 길묻기(問路)

① 중국대사관(中國大使館)

王 : 中國大使館在哪里?
왕 : 중국대사관은 어디에 있어요?
wang : zong guk dε sa guan ūn e di ie yi sse yo?

金 : 中國大使館在明洞。
김 : 중국대사관은 명동에 있어요.
gim : zong guk dε sa guan ūn mi-eng dong ie yi sse yo.

王 : 從這兒到明洞, 怎么走?
왕 : 여기서 명동까지 어떻게 갑니까?
wang : i-e gi se mi-eng dong gga ji e dde kie gam ni gga?

金 : 坐地鐵，在明洞站下車就行了。

김 : 지하철을 타고, 명동역에서 내리면 됩니다.

gim : ji ha cel ūl ta go, mi-eng dong i-eg ie se nɛ li
mi-en duem ni da.

王 : 去明洞的地鐵，坐幾號線?

왕 : 명동 가는 지하철은 몇 호선을 타야 됩니까?

wang : mi-eng dong ga nūn ji ha cel ūn mi-et ho sen
ūl ta ya duem ni gga?

金 : 坐4號地鐵線。

김 : 지하철 4호선을 타세요.

gim : ji ha cel sa ho sen ūl ta se yo.

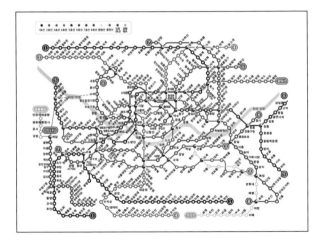

② 동대문시장(東大門市場)

王 : 去東大門市場的話, 坐幾路車?
왕 : 동대문시장에 가려면, 몇 번 버스를 타야 하나요?
wang : dong dε mun xi zang ie ga lie mi-en, mi-et ben
be sū ril ta ya ha na yo?

金 : 二二三三路車吧!
김 : 2233번 버스를 타세요!
gim : yi yi sam sam ben be sū ril ta xie yo!

王 : 二二三三路車的車站在哪里?
왕 : 2233번 버스 정류장이 어디에 있어요?
wang : yi yi sam sam ben be sū zeng ni-u zang yi e di
ie yi sse yo?

金 : 在下一个十字路口往右拐。

김 : 다음 사거리에서 오른쪽으로 가세요.

gim : da ūm sa ge li ie se o rūn zzog ro ga xie yo.

③ 서울호텔(首爾飯店)

王 : 我想去首爾飯店，怎么走最快?

왕 : 서울호텔에 가려고 하는데, 어떻게 가면 가장
빠릅니까?

wang : se wul ho tiel ie ga li-e go ha nūn die, e dde
kie ga mi-en ga zang bba rim ni gga?

金 : 坐出租車，最快又方便。

김 : 택시가 제일 빠르고 편리해요.

gim : tɛk xi ga jie yil bba rū go pi-en li hɛ yo.

王 : 需要多長時間?

왕 : 시간이 얼마나 걸리죠?

wang : xi gan yi el ma na gel li jo?

金 : 需要10分鐘左右。

김 : 10분 정도 걸려요.

gim : xip bun zeng do gel li-e yo.

司機 : 歡迎, 要去哪兒?
기사 : 어서 오세요, 어디로 가십니까?
gi sa : e se o xie yo, e di ro ga xim ni gga?

王 : 去首爾飯店。
왕 : 서울호텔로 가 주십시오.
wang : se wul ho tiel ro ga zu xim xxi o.

司機 : 到了。這就是首爾飯店。
기사 : 다 왔습니다. 여기가 서울호텔입니다.
gi sa : da wa ssim ni da. i-e gi ga se wul ho tiel lim ni da.

王 : 多少錢?
왕 : 요금이 얼마에요?
wang : yo gū-m yi el ma ye yo?

司機 : 是5000元。
기사 : 5000원입니다.
gi sa : o cen uon lim ni da.

王 : 這里有錢。你辛苦了!
왕 : 여기 요금이 있습니다. 수고하세요!
wang : i-e gi yo gū-m yi ssim ni da. su go ha xie yo!

司機 : 謝謝，再見。
기사 : 감사합니다, 안녕히 가세요.
gi sa : gam sa ham ni da, an ni-eng hi ga xie yo.

中國大使館	중국대사관	zong guk dɛ sa guan
明洞	명동	mi-eng dong
地鐵	지하철	ji ha cel
東大門市場	동대문 시장	dong dɛ mun xi zang
公共汽車	버스	be sū
車站	버스 정류장	be sū zeng ni-u zang
出租車	택시	tɛk xi
首爾飯店	서울호텔	se wul ho tiel

6》 마트에서 물건 사기(在超市買東西)

① 채소 사기(買蔬菜)

王 : 請問, 這附近有沒有超市?
왕 : 실례하지만, 이 근처에 마트가 있어요?
wang : xil lie ha ji man, yi gūn ce ie ma tū ga yi sse yo?

金 : 沿着這條路直走, 路左邊就是.
김 : 이 길을 따라 똑바로 가면 왼쪽에 있어요.
gim : yi gi ril dda ra ddok ba ro ga mi-en yuen zzok
      ie yi sse yo.

王 : 這兒是超市嗎?
왕 : 여기가 마트 맞습니까?
wang : i-e gi ga ma tū ma ssim ni gga?

店員 : 是的, 你想買什么?
점원 : 예, 손님 뭘 찾으세요?
zem uon : ye, son nim muol ca zi xie yo?

王 : 蔬菜在哪兒?
왕 : 채소는 어느 쪽에 있습니까?
wang : cɛ so nūn e nū zzog ie yi ssim ni gga?

店員 : 就在對面。
점원 : 바로 맞은편에 있어요.
zem uon : ba ro ma zūn pi-en ie yi sse yo.

王 : 多少錢?
왕 : 모두 얼마에요?
wang : mo du el ma ye yo?

店員 : 一共是三万元。
점원 : 모두 3만 원입니다.
zem uon : mo du sam man uon yim ni da.

王 : 可以信用卡結算嗎?
왕 : 카드로 계산할 수 있나요?
wang : ka dū ro gie san hal su yin na yo?

店員 : 是的, 給我信用卡。然后這兒簽名。
점원 : 예, 카드를 주세요. 그리고 여기에 사인하세요.
zem uon : ye, ka dū ril zu xie yo. gū li go i-e gi ie ssa
            yin ha xie yo.

王 : 知道了。還給我的信用卡, 給發票!
왕 : 알았습니다. 카드 돌려주시고, 영수증도 주세요!
wang : al a ssim ni da. ka dū dol li-e zu xi go, i-eng
          su zūng do zu xie yo!

超市	마트	ma tū
蔬菜	채소	cɛ so
信用卡	카드	ka dū ˙
收据	영수증	i-eng su zūng
蔬菜	야채	ya cɛ
洋蔥	양파	yang pa
蒜	마늘	ma nūl
生姜	생강	sɛng gang
胡蘿卜	당근	dang gūn
茄子	가지	ga ji
黃瓜	오이	o yi
西紅柿	토마토	to ma to
韭菜	부추	bu cu
菠菜	시금치	xi gūm qi
圓白菜	양배추	yang bɛ cu
西蘭花	브로콜리	bū rū kol li
白菜	배추	bɛ cu

蕨菜	고사리	go sa li
芹綵	미나리	mi na li
靑椒	피망	pi mang
土荳	감자	gam za
紅薯	고구마	go gu ma
南瓜	호박	ho bak
芋頭	토란	to lan
木耳	목이버섯	mok yi be set
銀耳	흰 목이버섯	hūin mok yi be set
鮮蘑	표고버섯	pio gu be set

2 의복 사기(買衣服)

王 : 衣服在哪兒賣?

왕 : 옷은 어디서 팝니까?

wang : o sin e di se pam ni gga?

案內員 : 在二層賣的。

안내원 : 2층에서 팝니다.

an nɛ uon : yi cūng ie se pam ni da.

店員 : 顧客! 能幫你什么忙嗎?
점원 : 손님! 뭘 도와 드릴까요?
zem uon : son nim! muol do wa dū lil gga yo?

王 : 女性服在那兒?
왕 : 여성복은 어디 있어요?
wang : i-e seng bog ūn e di yi sse yo?

店員 : 這邊有。
점원 : 이쪽에 있어요.
zem uon : yi zzo gie yi sse yo.

王 : 給我看看那件衣服好嗎?
왕 : 저 옷 좀 보여주실래요?
wang : ze ot zom bo i-e zu xil rε yo?

店員 : 在這兒。
점원 : 여기 있습니다.
zem uon : i-e gi ssim ni da.

王 : 這件衣服可以試試看嗎?
왕 : 이 옷을 입어봐도 돼요?
wang : yi o sil yi be bua do duε yo?

店員 ： 好的。那邊有試衣間，試試吧!
점원 : 에. 저쪽에 탈의실에서 입어보세요!
zem uon : ye ze zzo gie ta li xil ie sse yi be bo xie yo!

王 ： 我明白了。
왕 : 알겠습니다.
wang : al gie ssim ni da.

店員 ： 這件衣服對客人太合身。最近很流行的衣
　　　服。
점원 : 이 옷이 손님에게 잘 어울려요. 요즘 유행
　　　하는 옷입니다.
zem uon : yi o si son nim ie gie zal e ul li-e yo. yo
　　　　　zim i-u hɛng ha nūn o sim ni da.

王 ： 衣服是什么料子的?
왕 : 옷감이 무엇인가요?
wang : o gga mi mu e in ga yo?

店員 ： 是純棉的。
점원 : 순면입니다.
zem uon : sun mi-en yim ni da.

王 : 不會縮水, 不會褪色吧?

왕 : 줄거나 색이 바라지 않겠어요?

wang : zul ge na sɛ gi ba rɛ ji an kie sse yo?

店員 : 不會。如果有問題的話, 給你換個新的。

**점원 : 아닙니다. 만약 문제가 있으면 새것으로 교
환해 드리겠습니다.**

zem uon : a nim ni da. man niak mun jie ga yi sū
mi-en sɛ ge si ro gio huan hɛ dū li gie
ssim ni da.

王 : 多少錢? 有沒有優惠?

왕 : 얼마예요? 할인해 주나요?

wang : el ma ye yo? ha lin hɛ zu na yo?

店員 : 現在是減價促銷期間。給你優惠。

점원 : 지금 세일 기간이에요. 싸게 해드릴게요.

zem uon : ji gūm xie yil gi ga ni ie yo. ssa gie hɛ dū
lil ggie yo.

女性服	여성복	i-e seng bog
純棉	순면	sun mi-en
問題	문제	mun jie
交換	교환	gio huan
優惠	할인	ha lin
減價促鎖期間	세일기간	xie yil gi gan

有關詞匯

西服, 西裝	양복	yang bog
夾克	잠바	zam ba
外套, 大衣	코트	ko tū
衣料	옷감	o gam
女衬衫	블라우스	bū rla u si
男衬衫	와이셔츠	way yi sia ssi
裙子	치마	ci ma
袴子	바지	ba ji
牛仔袴	청바지	ceng ba ji

背心	조끼	zo ggi
毛衣	스웨터	si yue te
圍巾	목도리	mok do li
領帶	넥타이	niek tta yi
手帕, 手絹兒	손수건	son su gen
手套	장갑	zang gap

雨衣	비옷	bi ot
運動服	운동복	yun dong bog
游泳衣	수영복	su i-eng bog
睡衣	잠옷	zam ot
襯衣	속옷	sog ot
襯袴	팬티	pɛn ti
襪子	양말	yang mal
長襪, 絲襪	스타킹	si ta king
皮帶	혁대	hi-eg de
帽子	모자	mo za
錢包	돈지갑	don ji gap

③ 신발 사기(買皮鞋)

店員 : 歡迎光臨! 顧客, 你找什么樣的皮鞋?
점원 : 어서 오세요! 손님, 어떤 구두를 찾으세요?
zem uon : e se o xie yo! son nim, e dden gu du ril ca
zi xie yo?

王 : 我想買一雙配這件衣服的皮鞋。
왕 : 이 옷과 어울리는 구두를 한 켤레 찾는데요.
wang : yi o ggua e ul li nūn gu du ril han ki-el lie can
nūn die yo.

店員 : 你穿多大號鞋?
점원 : 발 치수가 어떻게 되시지요?
zem uon : bal qi su ga e dde kie du e xi ji yo?

王 : 我不清楚韓國的尺碼。
왕 : 한국 치수는 잘 모르는데요.
wang : han guk qi su nūn zal mo ri nūn die yo.

店員 : 這雙鞋穿上試試吧!
점원 : 이 걸 한 번 신어보세요!
zem uon : yi gel han ben xin e bo xie yo!

王 : 太緊了。
왕 : 너무 꼭 끼는 것 같아요.
wang : ne mu ggok ggi nūn ge ga ta yo.

店員 : 給你大號的。
점원 : 더 큰 치수로 드릴게요.
zem uon : de kūn qi su ro dū ril ge yo.

王 : 好像有點長。
왕 : 좀 큰 것 같은데요.
wang : zom kūn ge ga tūn die yo.

店員 : 那么，中號的好像差不多。
점원 : 그럼 중간 사이즈의 구두가 맞을 겁니다.
zem uon : gū rem zong gan sa yi zi ie gu du ga ma
         zil ggem ni da.

王 : 正合適，有沒有別的顏色?
왕 : 딱 맞는데요, 그런데 다른 색은 없나요?
wang : ddak man nūn die yo, gū ren die da rūn sɛk
       ūn em na yo?

店員 : 這邊有各樣各色的皮鞋。
점원 : 이쪽에 여러 가지 색상의 구두가 있습니다.
zem uon : yi zzo kie i-e re ga ji sɛk sang ie gu du ga
　　　　　 yi ssim ni da.

王 : 有沒有紅色的?
왕 : 빨간색은 없습니까?
wang : bbal gan sɛk ūn em ssim ni gga?

店員 : 對不起! 現在沒有紅色的, 賣光了。
점원 : 미안합니다. 빨간색은 다 팔렸습니다.
zem uon : mi an hap ni da. bbal gan sɛk ūn da pal
　　　　　 li-e ssim ni da.

王 : 那么, 下次再來要買吧。
왕 : 그럼, 다음에 와서 사겠습니다.
wang : gū rem, da ūm ie wa se sa gie ssim ni da.

店員 : 下次一定來準備, 希望你再來光臨。
**점원 : 다음에 준비해 놓겠으니, 꼭 찾아오시길 바
　　　　 랍니다.**
zem uon : da ūm ie zun bi hɛ no gie ū ni, ggok ca za
　　　　　 o xi gil ba lap ni da.

生詞

皮鞋	구두	gu du
尺寸	치수	qi su
一雙	한 켤레	han ki-el lie
各樣各色	여러 가지 색	i-e re ga ji
紅色	빨간색	bbal gan sɛk
準備	준비	zun bi

有關詞匯(顔色)

顏色	색깔	sɛk ggal
綠色	녹색	nok sɛk
黃色	노란색	no lan sɛk
紫色	보라색	bo la sɛk
白色	흰색	hūin sɛk
黑色	검정색	gem zeng sɛk
藍色	파란색	pa lan sɛk
天藍色	하늘색	ha nūl sɛk
褐色	갈색	gal sɛk
灰色	회색	hue sɛk
朱黃色, 橘黃色	오렌지색	o rel ji sɛk

米黃色	베이지색	bie yi ji sɛk
肉色	살색	sal sɛk
咖啡色	커피색	ke pi sɛk
粉紅色	분홍색, 핑크	bun hong sɛk
深紅色	짙은 빨간색	jit ūn bbal gan sɛk
淺紅色	옅은 빨간색	i-et ūn bbal gan sɛk

④ 전자상품 사기(買電子商品)

王 : 出名的電子商街在哪里?

왕 : 유명한 전자상가가 어디에 있습니까?

wang : i-u mi-en han zen za sang ga ga e di ie yi ssim
ni gga?

金 : 龍山電子商家, 江邊科技商城(Techno Mart)
等, 很出名。

김 : 용산 전자상가, 강변 테크노마트 등이 유명합니다.

gim : yong san zen za sang ga, gang bi-en tie kū no
ma tū dūng yi i-u mi-en ham ni da

王 : 江邊科技商城, 怎么走?

왕 : 강변 테크노마트는 어떻게 가면 되나요?

wang : gang bi-en tie kū no ma tū nūn e dde gie ga
mi-en due na yo?

金 : 坐首爾2號地鐵線, 下江邊站, 第1,2出口與
　　　科技商城的地下樓相連。

**김 : 서울 지하철 2호선을 타고 강변역에서 내리면
　　　1, 2번 출구와 테크노마트 지하건물이 서로
　　　연결되어 있습니다.**

gim : se ul ji ha cel yi ho sen ūl ta go gang bi-en i-ek
　　　ie se nɛ li mi-en yil, yi ben cul gu wa tie kū no
　　　ma tū ji ha gen mul yi se ro i-en gi-el due e yi
　　　ssim ni da.

案內員 : 歡迎光臨! 你想去哪兒?
안내원 : 어서 오세요! 어디를 찾으세요?
an nɛ uon : e se o xie yo! e di ril ca zi xie yo?

王 : 家電製品在幾樓?

왕 : 가전제품은 몇 층에 있습니까?

wang : ga zen jie pum ūn mi-et ceng ie yi ssim ni gga?

案內員 : 2樓和3樓鎖售韓國的家電産品, 3樓的
一部分和4樓有進口家電和小型家電産
品。

**안내원 : 2-3층에는 한국 가전제품이 있고, 3층
일부분과 4층에는 외국 수입가전과 소형
가전제품이 있습니다.**

an nε uon : yi-sam ceng ie nūn han guk ga zen jie pu
mi yit go, sam ceng yil bu bun gua sa
ceng ie nūn yue guk su yip ga zen gua so
hi-eng ga zen jie pu mi yi ssim ni da.

王 : 我想看一看手機和計算机, 去幾樓?

**왕 : 핸드폰과 컴퓨터도 구경하려는데, 몇 층으로
가면 될까요?**

wang : hεn dū pon gua kem pi-u te do gu gi-eng ha
nūn li-e, mi-e ceng ū ro ga mi-en duel gga yo?

案內員 : 6樓是手機專柜, 7樓和8樓鎖售計算机,
游戲機等商品。

**안내원 : 6층에는 핸드폰 전문매장이 있고, 7층에
는 컴퓨터와 게임기 등이 있습니다.**

an nε uon : i-uk ceng ie nūn hεn dū pon zen mun mε

zang yi yit go, qil ceng ie nūn kem pi-u te
wa gie yim gi dūng yi yi ssim ni da.

王 : 我想買泡菜冰箱，你介紹一下!
왕 : 김치 냉장고를 사고 싶은데, 소개 좀 해주세요!
wang : kim qi nɛng zang go ril sa go xi pūn die, so
gɛ zom hɛ zu xie yo!

店員 : 這兒有泡菜冰箱。這是最近流行的製品，
很大受歡迎的。
**점원 : 이쪽에 김치냉장고가 있습니다. 이건 요즘
유행하는 새 제품인데, 인기가 많습니다.**
zem uon : yi zzo gie kim qi nɛng zang go ga yi ssim
ni da. yi gen yo zim i-u hɛng ha nūn sɛ jie
pum yin die, yin gi ga zo ssim ni da.

王 : 質量保證期是多長時間?
왕 : 보증 기간은 얼마나 됩니까?
wang : bo zūng gi gan ūn el ma na deum ni gga?

店員 : 是1年。這保證期內有問題的話，可以免
費修改的。
**점원 : 1년입니다. 이 기간 내에 하자가 있으면 무
료 수리를 해드립니다.**
zem uon : yil ni-en yip ni da. yi gi gan nɛ ie ha za ga
yi sū mi-en mu li-o su li ril hɛ dū lip ni da.

王 : 多少錢?
왕 : 얼마예요?
wang : e ma ye yo?

店員 : 是80万元。
점원 : 80만 원이에요.
zem uon : pal xip man uon yi ye yo.

王 : 太貴了! 能不能再便宜一點兒?
왕 : 너무 비싸요! 좀 더 싸게 살 수 없습니까?
wang : ne mu bi ssa yo! zom de ssa ge sal su ep ssim
ni gga?

店員 : 不可以, 這價格已經打折的。
점원 : 없습니다. 이미 할인된 가격입니다.
zem uon : ep ssim ni da. yi mi hal yin duen ga gi-ek
yim ni da.

王 : 有沒有便宜點兒的其他製品?
왕 : 좀 더 싼 다른 제품은 없나요?
wang : zom de ssan da lūn jie pum ūn ep na yo?

店員 : 有的 這製品很便宜, 質量也不錯。
점원 : 있습니다. 이 제품은 싸고, 성능도 좋습니다.

zem uon : yi ssim ni da. yi jie pum ūn ssa go seng
nūng do zo ssim ni da.

王 ： 那好, 就要這個吧! 能不能我家送貨嗎?

**왕 ： 좋습니다. 그럼 이걸로 하겠습니다! 그런데
집까지 배달할 수 있지요?**

wang : zo ssim ni da. gū rem yi gel ro ha gie ssim ni
da. gū ren die jip gga ji bɛ dal hal su yit ji yo?

店員 ： 可以, 給你的家送貨。請這兒寫你家的地
址和電話號碼!

**점원 ： 네, 집까지 배달해 드릴게요. 여기에 주소
와 전화번호를 적어주세요!**

zem uon : nie, jip gga ji bɛ dal hɛ dū lil gie yo. i-e gi ie z
u s u wa zen hua ben ho ril ze ge z u xie yo!

生詞

電子商街	전자상가	zen za sang ga
龍山電子商家	용산전자상가	yong san zen za sang ga
江邊科技商城 Techno Mart	강변테크노마트	gang bi-en tie kū no ma tū
江邊站	강변역	gang bi-en i-ek

地下樓	지하건물	ji ha gen mul
家電産品	가전제품	ga zen jie pum
進口家電	수입가전	su yip ga zen
小型家電	소형가전	so hi-eng ga zen
手機	핸드폰	hɛn dū pon
計算机	컴퓨터	kem pi-u te
游戲機	게임기	gie yim gi
泡菜冰箱	김치 냉장고	kim qi nɛng zang go
保證期	보증기간	bo zūng gi gan
問題, 缺點	하자	ha za
質量	성능	seng nūng
送貨	배달	bɛ dal

有關詞匯(家用電器)

電視	텔레비전	tiel lie bi zen
收音機	라디오	la di o
音響	오디오	o di o
錄音機	카세트	ka xie tū
磁帶	카세트 테이프	ka xie tū tie yi pū
喇叭	스피커	sū pi ke
錄像機	비디오	bi di o

錄像帶	비디오 테이프	bi di o tie yi pū
光盤機	CD플레이어	CD pūl lie yi e
光盤	CD판	CD pan
洗衣機	세탁기	xie tak gi
烘干機	건조기	gen zo gi
冰箱	냉장고	nɛng zang go
空調	에어컨	ie e ken
電扇	선풍기	sen pung gi
吸塵器	진공청소기	jin gong ceng so gi
微波爐	전자레인지	zen za lie yin ji
烤箱	전기오븐	zen gi o būn
煤氣烤箱	가스오븐	ga sū o būn
電飯鍋	전기밥솥	zen gi bap sot
石油暖氣	석유난로	sek i-u nan ro
電煖氣	전기난로	zen ginan ro
咖啡壺	커피포트	ke pi hu
日光燈	형광등	hi-eng guang dūng
白熾燈	백열등	bɛk i-el dūng
台燈	전기스탠드	zen gi sū tɛn dū
電燈泡	전구	zen gu
隨身聽	워크맨	wo kū mɛn
面包機	토스터	to si te
吹風機	드라이어	d ra yi e

각종 편의시설 이용하기
(用各種公益施設及便宜店)

1》 은행에서(在銀行)

① 환전(換錢)

王 : 在哪里換錢?
왕 : 어디서 환전할 수 있습니까?
wang : e di se huan zen hal su yi ssim ni gga?

案內員 : 請先拔待等待表, 在這邊等一下。
안내원 : 먼저 대기표를 뽑고, 저쪽에서 기다리세요.
an nε uon : men ze dε gi pi-o ril bbob go, ze zzo gie
se gi da li xie yo.

王 : 我想把美元換成韓元, 今天美元兌換多少韓元?
**왕 : 달러를 한국돈으로 바꾸려고 하는데, 오늘 환
율이 얼마예요?**
wang : del le ril han guk don ū ro ba ggu li-e go ha
nūn die, o nl huan i-ul yi e ma ye yo?

銀行員 : 一美元兑換1300韓元。你要換多少?

**은행원 : 일 달러에 1300원이에요. 얼마를 바꿔
　　　　 드릴까요?**

ūn hεng uon : yil dal le ie cen sam bεk uon yi ie yo.
　　　　　　　　el ma ril ba gguo dū lil gga yo?

王 : 就換1000美元。

왕 : 천 달러만 바꿔주세요.

wang : cen dal le man ba gguo zu xie yo.

銀行員 : 請看一下你的護照, 稍等。

은행원 : 여권을 보여주시고, 잠시만 기다리세요.

ūn hεng uon : i-e guan ril bo i-e zu xi go, zam xi
　　　　　　　　man gi da li xie yo.

② 송금(送金)

王 : 我想往中國寄錢, 該怎麼寄呢?

**왕 : 중국에 돈을 보내려고 하는데, 어떻게 하면
　　　돼요?**

wang : zong gu gie don ūl bo nε li-e go ha nūn die, e
　　　　 dde kie ha mi-en duε yo?

銀行員 : 塡一下這个送金申請單。

은행원 : 이 송금신청서를 작성하세요.

ūn hεng uon : song gum xin ceng se ril zak seng ha xie yo.

王 : 寫什么?
왕 : 어떤 걸 써야 하나요?
wang : e dden gel sse ya ha na yo?

銀行員 : 請把收款人的姓名, 地址, 匯入銀行和
　　　　帳號, 寄錢額數寫清楚。
**은행원 : 수취인의 이름, 주소, 수취은행과 계좌번
　　　　호, 송금액을 적으시면 됩니다.**
ūn hɛng uon : su cü yin ūi yi lūm, zu so, su cü ūn
　　　　　　　hɛng gua gie zua ben ho, song gūm
　　　　　　　ɛg ūl zeg ū xi mi-en duem ni da.

王 : 可不可以韓幣換成人民幣, 寄了吧?
왕 : 한국돈을 중국돈으로 바꿔서 보낼 수 있습니까?
wang : han guk don ūl zong guk don ū ro ba gguo se
　　　　bo nɛl su yi ssim ni gga?

銀行員 : 可以的。
은행원 : 가능합니다.
ūn hɛng uon : ga nūng ham ni da.

③ 계좌개설(開存款戶)

王 ： 我想開一个存款戶頭。
왕 ： 예금계좌를 개설하고 싶습니다.
wang : ye gūm gie zua ril gɛ sel ha go xip ssim ni da.

銀行員 ： 請先塡一下這張開戶申請單。
은행원 ： 먼저 이 계좌개설 신청서를 작성하세요.
ūn hɛng uon : men ze yi gie zua gɛ sel xin ceng se ril
　　　　　　 zak seng ha xie yo.

王 ： 外國人也可以嗎?
왕 ： 외국인도 가능해요?
wang : yue guk yin do ga nūng hɛ yo?

銀行員 ： 當然，你要辦普通儲蓄還是定期儲蓄?
은행원 ： 물론입니다, 보통예금을 하시겠습니까?
　　　　 정기적금으로 하시겠습니까?
ūn hɛng uon : mul lon yim ni da, bo tong ye gūm ūl
　　　　　　 ha xi gie ssim ni gga? zeng gi zek gūm
　　　　　　 ū ro ha xi gie ssim ni gga?

王 ： 普通儲蓄與定期儲蓄有什么不同?
왕 ： 보통예금과 정기적금은 어떻게 다른가요?
wang : bo tong ye gūm gua zeng gi zek gūm ūn e dde
　　　　 kie da rūn ga yo?

銀行員 : 定期儲蓄的利息要高一些。
은행원 : 정기적금은 이자가 높습니다.
ūn hɛng uon : zeng gi zek gūm ūn yi za ga nop ssim
ni da.

王 : 我要辦取款方便的。
왕 : 인출하기 편한 거로 하겠습니다.
wang : yin cul ha gi pi-en han ge ro ha gie ssim ni da.

銀行員 : 那就辦普通儲蓄吧! 銀行卡也需要嗎?
**은행원 : 그러면 보통예금으로 하세요! 카드도 필
요하세요?**
ūn hɛng uon : gū re mi-en bo tong ye gūm ū ro ha
xie yo. ka dū do pil io ha xie yo?

王 : 是, 需要的。
왕 : 예, 필요합니다.
wang : ye, pil io ham ni da.

銀行員 : 請看一下身分證, 在這里塡一下密碼。
**은행원 : 신분증을 보여주고, 여기에 비밀번호를
적으시면 됩니다.**
ūn hɛng uon : xin bun zeng ūl bo i-e zu xi go, i-e gie
bi mil ben ho ril zeg ū xi mi-em duem
ni da.

換錢	환전	huan zen
等待表	대기표	dɛ gi pi-o
美元	달러	del le
兌換	환율	huan i-ul
護照	여권	i-e guan
送金申請單	송금신청서	song gūm xin ceng se
收款人	수취인	su cü yin
地址	주소	zu so
匯入銀行	수취은행	su cü ūn hɛng
帳號	계좌번호	gie zua ben ho
寄錢額數	송금액	song gūm ɛg
開戶申請單	계좌개설 신청서	gie zua gɛ sel xin ceng se
普通儲蓄	보통예금	bo tong ye gūm
定期儲蓄	정기적금	zeng gi zek gūm
卡	카드	ka dū
身分證	신분증	xin bun zen
密碼	비밀번호	bi mil ben ho

① 편지 보내기(寄信)

王 ： 我想把這封信郵寄到中國, 有哪種方法?
왕 ： 이 편지를 중국에 보내려고 하는데, 어떤 방법이 있습니까?
wang : yi pi-en ji ril zong gu kie bo li-e go ha nūn die, e dden bang bep yi yi ssim ni gga?

職員 ： 有普通郵件, 快速邮件, 国際特快EMS。
직원 ： 보통우편과 빠른우편, 특급우편이 있습니다.
jik uon : bo tong u pi-en gua bba lūn u pi-en, tūk gūp u pi-en yi yi ssim ni da.

王 ： 各各需要多長時間?
왕 ： 각기 얼마나 걸리지요?
wang : gak gi e l ma na gel li ji yo?

職員 ： 一般的話, 普通郵件需要二個星期, 快速邮件需要一個星期, 国際特快需要2-4天左右。
직원 ： 일반적으로 보통우편은 2주일, 빠른우편은 일주일, 특급우편은 2-4일 정도 걸립니다.

jik uon : yil ban zek ū ro bo tong u pi-en ūn yi zu
yil, bba lūn u pi-en ūn yil zu yil, tūk gūp u
pi-en ūn yi-sa yil zeng do gel lim ni da.

王 : 我要寄快速郵件，貼多少郵票。

왕 : 빠른우편으로 보내는데, 얼마짜리 우표를 붙여야 합니까?

wang : bba lūn u pi-en ū ro bo nɛ nūn die, el ma zza
li u pio ril but i-e ya ham ni gga?

職員 : 秤重量吧！如果20克以下的話，需要520
元，但你的信40克，所以要貼1400元的
郵票。

**직원 : 무게를 달아보겠습니다. 20g 이하면 520
원인데, 당신의 편지는 40g이라 1400원
짜리 우표를 붙여야 합니다.**

jik uon : mu gie ril da ra bo gie ssim ni da. yi xip gū
lɛm yi ha mi-en o bɛk yi xip uon yin die, dang
xin ūi pi-en ji nūn sa xip gū lɛm yi la cen sa
bɛk uon zza li u pio ril but i-e ya ham ni da.

王 : 好的，請收錢，給我郵票。

왕 : 좋습니다. 돈 받으시고, 우표를 주세요.

wang : zo ssim ni da. don ba dū xi go, u pio ril zu
xie yo.

職員 : 給你郵票。請貼郵票，然后放入這邊的郵筒。

직원 : 우표를 받으세요. 우표를 붙이고, 저 통에 넣어주세요.

jik uon : u pio ril ba dū xie yo. u pio ril but yi go, ze tong ie ne e zu xie yo.

王 : 明白了。謝謝你!

왕 : 알겠습니다. 감사합니다!

wang : al gie ssim ni da. gam sa ham ni da!

② 소포 보내기(寄包裹)

王 : 我想把寄包裹到中國。

왕 : 중국에 소포를 보내려고 합니다.

wang : zong guk ie so po ril bo nε l-e go ham ni da.

職員 : 你要空運還是海運?

직원 : 항공편과 배편 중에 어떤 것으로 보내실 겁니까?

jik uon : hang go-ng pi-en gua bε pi-en zung ie e dden gge sū ro bo nε xil ggem ni gga?

王 : 需要多長時間，差價大不大?

왕 : 시간은 얼마나 걸리고, 요금 차이는 많은가요?

wang : xi gan ūn el ma na gel li-e yo, yo gūm ca yi nn man n ga yo?

職員：寄海運的話，需要1-2個月，寄空運的話，需要2個星期左右。但海運的郵費很便宜。

직원 : 배로 가면 한두 달 걸리고, 항공편은 2주일 정도에 도착합니다. 하지만 배편은 요금이 저렴합니다.

jik uon : bɛ ro ga mi-en ham du dal gel li go, hang go-ng pi-en ūn yi zu yil an ie do cak ham ni da. ha ji man bɛ pi-en ūn yo gūm yi ze li-en ham ni da.

王：用船運吧。

왕 : 그러면 배편으로 해주세요.

wang : gū le mi-en bɛ pi-en ū ro hɛ zu xie yo.

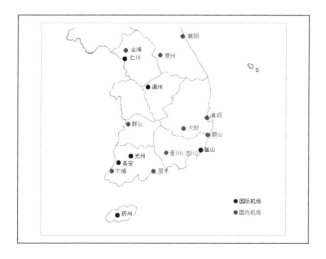

職員 : 先寫地址與姓名, 東西放到這里。 里面裝
的是什么?

**직원 : 먼저 주소와 이름을 적고, 여기에 물건을
놓으세요. 그런데 내용물이 무엇입니까?**

jik uon : men ze zu so wa yi rūm ūl zek go, ye gie
mul gen ūl no ū xie yo. gū ren die nɛ io-ng
mu li mu e sim ni gga?

王 : 知道了, 有衣服與日常雜貨。

왕 : 네, 옷과 일상용품입니다.

wang : nie, ot gua yil sang io-ng pum yim ni da.

職員 : 重1公斤, 郵費是4500元。

직원 : 무게가 1킬로그램으로 요금은 4,500원입니다.

jik uon : mu gie ga yil ki ro gū rɛm ū ro, yo gūm ūn
sa cen o bɛk uon nim ni da.

生詞

信	편지	pi-en ji
普通郵件	보통우편	bo tong u pi-en
快速郵件	빠른우편	bba lūn u pi-en
国際特快	특급우편	tūk gūp u pi-en

郵票	우표	u pio
重量	무게	mu gie
包裹	소포	so po
空運件	항공편	hang go-ng pi-en
海運件	배편	bɛ pi-en
費	요금	yo gūm
公斤	킬로그램	ki ro gū rɛm

有關詞滙

郵局	우체국	u qie guk
郵件	우편물	u pi-en mul
郵政編碼	우편번호	u pi-en ben ho
明信片	엽서	i-ep se
郵筒	우체통	u qie tong
在郵局的私人信箱	사서함	sa se ham
信箱	편지함	pi-en ji ham
電報	전보	zen bo
賀電	축하전보	cuk ha zen bo
掛號信	등기우편	dūng gi u pi-en
郵遞員	우편집배원	u pi-en jip bɛ uon
退回	반송	ban song

3》 세탁소(洗衣店)

王 : 我要洗幾件衣服!
왕 : 몇 가지 옷을 세탁하려고 합니다!
wang : mi-et ga ji ot ūl xie tak ha li-e gu ham ni da!

店員 : 是干洗還是水洗?
점원 : 드라이클리닝을 하실 건가요, 물세탁을 하실 건가요?
zem uon : dū la yi kūl li ning ūl ha xil gen ga yo, mul xie tak ūl ha xil gen ga yo?

王 : 這件外套干洗, 那件夾克水洗。然後這套西裝熨一下。
왕 : 이 외투는 드라이클리닝하고, 저 점퍼는 물세탁합니다. 그리고 이 양복은 다려주세요.
wang : yi yue tu nūn dū la yi kūl li ning ha go, ze zam ba nūn mul xie tak ham ni da. gū li go yi yang bog ūn da li-e zu xie yo.

店員 : 這件外套的一个扣子掉了。你要縫上嗎?
점원 : 이 외투에 단추 한 개가 떨어져 있습니다. 달아드릴까요?
zem uon : yi yue tu ie dan cu han ge ga ddel e zi-e yi ssim ni da. dal a dū lil gga yo?

王：要縫。又這夾克的一邊破了, 能不能補一下。
왕 : 네, 달아주세요. 그리고 점퍼 한쪽이 찢어졌
　　어요. 기워주세요.
wang : nie, dal a zu xie yo. gū li go zam ba han zzok
　　　 yi zzi ze zi-e se yo. gi wo zu xie yo.

店員：行。還有什么呢?
점원 : 네. 또 다른 게 있습니까?
zem uon : nie. ddo da lūn ge yi ssim ni gga?

王：西裝袴子的拉鏈壞了。請換一下!
왕 : 양복바지 지퍼가 망가졌으니 바꿔주세요.
wang : yang bog ba ji ji pe ga mang ga zi-e sū ni ba
　　　 gguo zu xie yo.

店員：明白了。
점원 : 알겠습니다.
zem uon : al gie ssim ni da.

王：什么時候可以取?
왕 : 언제쯤 찾을 수 있습니까?
wang : en jie zzūm cat ūl su yi ssim ni gga?

店員 : 你三天以後來取吧。

점원 : 3일 후에 찾으러 오세요.

zem uon : sam yil hu ie cat ū le o xie yo.

王 : 明天下午, 我一定要穿西裝。明天能不能取
西裝?

**왕 : 내일 오후에 양복을 입어야 합니다. 양복은
내일까지 찾으러 오면 안 돼요?**

wang : nε yil o hu ie yang bok ūl yi be ya ham ni da.
yang bok ūn nε yil gga ji ca zi le o mi-en a
duε yo?

店員 : 好的。明天下午先取西裝, 其他的洗濯物
取三天后吧。

**점원 : 좋습니다. 양복은 내일 오후에 먼저 찾으러
오시고, 나머지 세탁물은 3일 후에 찾으러
오세요.**

zem uon : zo ssim ni da. yang bok ūn nε yil o hu ie
men ze ca zi le o xi go, na me ji xie tak
mul ūn sam yil hu ie ca zi le o xie yo.

王 : 一共多少錢? 現在收不收費?

왕 : 모두 얼마에요? 지금 돈을 받습니까?

wang : mo do el ma ye yo? ji gūm don ūl bat ssim ni
gga?

店員 : 一共一万五千元，先付五千元。然後取衣
　　　服的時候再付吧!

점원 : 모두 1만 5천원인데, 선불로 5천 원만 주십
　　　시오. 그리고 나머지는 찾아갈 때 돈을 내
　　　세요.

zem uon : mo do yil man o cen uon yin die, sen bul
　　　　　ro o cen uon man zu xip xi yo. gū li go
　　　　　na me ji cat a gal ddε don ūl nε xie yo.

王 : 好的。給我收据。

왕 : 좋습니다. 영수증을 주세요.

wang : zo ssim ni da. i-eng su zeng ūl zu xie yo.

生詞

干洗	드라이클리닝	dū la yi kūl li ning
水洗	물세탁	mul xie tak
扣子	단추	dan cu
拉鏈	지퍼	ji pe

洗滌	세탁	xie tak
手洗	손빨래	son bbal lɛ
開洗衣機	세탁기를 돌리다	xie tak ril dol li da
頑垢	찌든 때	zzi dūn ddɛ
班点	얼룩	el luk
泡	불리다	bul li da
清洗	헹구다	hieng gu da
甩干	탈수하다	tal su ha da
天然洗劑	천연세제	cen i-en xie jie
合成洗劑	합성세제	hap seng xie jie
肥皂	빨래비누	bbal lɛ bi nu
洗衣粉	가루비누	ga lu bi nu
肥皂水	물비누	mul bi nu
漂白劑	표백제	pio bɛk jie
晾衣架	건조대	gen zo dɛ
擰	짜다	zza da
晾	널다	nel da
晒干, 晾干	말리다	mal li da
收	걷다	get da

燙	다리다	da li da
疊	개다	gɛ da
漿	풀을 먹이다	pul ūl mek yi da
掉色	탈색하다	tal sɛk ha da
搓衣板	빨래판	bbal lɛ pan pan
晾衣繩	빨래줄	bbal lɛ zul
衣服夾	빨래집게	bbal lɛ jip gie
煮衣服	빨래를 삶다	bbal lɛ sam da

4》 이발과 미용실(理髮和美容室)

① 이발관(理髮館)

金 : 我要理髮。
김 : 이발하려고 합니다.
gim : yi bal ha li-e go ham ni da.

理髮師 : 請進! 請坐這兒。 怎么理髮?
이발사 : 어서 들어오세요! 이쪽으로 앉으세요. 어 떻게 깎아드릴까요?
yi bal sa : e se dūl e o xie yo! yi zzo gū ro an zi xie
yo. e dde kie gga gga dū lil gga yo?

金 : 怎麼好就怎麼理。

김 : 그저 보기 좋게 깎아주세요.

gim : gū ze bo gi zo gie gga gga zu xie yo.

理髮師 : 好久沒理髮了吧?

이발사 : 이발하신지 오래 되셨나요?

yi bal sa : yi bal ha xin ji ga o rɛ due si-et na yo?

金 : 是, 已經一個多月沒理過髮。

김 : 네, 한 달이 넘었습니다.

gim : nie, han dal yi nem e ssim ni da.

理髮師 : 現在天氣很熱, 要不要理得短一點兒?

이발사 : 날씨도 더우니 좀 짧게 깎아드릴까요?

yi bal sa : nal ssi do de u yi zom zzal gie gga gga dū
lil gga yo?

金 : 好的。但別剪得太短。

김 : 좋습니다. 하지만 너무 짧게 깎지 마세요.

gim : zo ssim ni da. ha ji man ne mu zzal gie ggak ji
ma xie yo.

理髮師 : 知道了。別擔心吧! 你要做按摩嗎?

이발사 : 알았습니다. 걱정 마세요! 안마를 받으시

겠습니까?
yi bal sa : al a ssim ni da. gek zeng ma xie yo! an ma
ril ba dū xi gie ssim ni gga?

金 : 不必，沒有時間下次來做吧!
김 : 아니오. 시간이 없으니 다음에 받겠습니다!
gim : a ni yo. xi gan yi ep ū ni, da ūm ie bat gie ssim
ni da!

理髮師 : 那么，刮胡子呢?
이발사 : 그러면 면도는 하시겠습니까?
yi bal sa : gū le mi-en mi-en do nūn ha xi gie ssim ni
gga?

金 : 刮，請快做吧!
김 : 네, 빨리 해주세요!
gim : nie, bbal li hɛ zu xie yo!

理髮師 : 放心吧! 馬上就好。現在可以洗頭吧!
이발사 : 마음 놓으세요! 곧 끝날 겁니다. 이제 머
리 감으시죠!
yi bal sa : ma ūm no ū xie yo! got ggūt nal gep ni da.
yi jie me li gam ū xi zo!

金 : 好。啊! 眞爽快!
김 : 좋습니다. 아! 시원하다!
gim : zo ssim ni da. a! xi uon ha da!

理髮師 : 要吹頭發嗎?
이발사 : 드라이 해드릴까요?
yi bal sa : dū la yi hɛ dū lil gga yo?

金 : 好, 吹吧。
김 : 그렇게 하세요.
gim : gū re gie ha xie yo.

理髮師 : 就好了。滿意嗎?
이발사 : 다 되었습니다. 마음에 드십니까?
yi bal sa : da due e ssim ni da. ma ūm ie dū xip ni
gga?

金 : 是, 辛苦了。謝謝你。
김 : 네, 수고하셨습니다. 감사합니다.
gim : nie, su go ha si-e ssim ni da. gam sa hap ni da.

② 미용실(美容室)

美容師 : 你要剪頭髮? 還是要燙髮嗎?

**미용사 : 머리를 자르겠습니까? 아니면 파마를 하
시겠습니까?**

mi yong sa : me li ril za ri gie ssim ni gga? a ni mi-en
pa ma ril ha xi gie ssim ni gga?

王 : 我要燙髮。最近流行的髮型是什麼?

**왕 : 파마를 하려고 합니다. 요즘 유행하는 머리
스타일이 뭐예요?**

wang : pa ma ril ha li-e gu ham ni da. yo zūm i-u
hɛng ha nūn me li sū ta yil yi muo ye yo?

美容師 : 這兒有各種髮型的照片 你喜歡哪一種?

**미용사 : 여기에 각종 헤어스타일의 사진이 있습니
다. 어떤 종류를 좋아하세요?**

mi yong sa : i-e gi ie gak zong hie e sū ta yil ūi sa jin
yi yi ssim ni da. e dden zong li-u ril zo
ha ha xie yo?

王 : 我喜歡這種髮型, 就按照這種樣式的。

**왕 : 이런 머리 스타일이 마음에 드네요, 이 스타
일대로 해주세요.**

wang : yi ren me li sū ta yil yi ma ūm ie dū nie yo, yi
sū ta yil dɛ ro hɛ zu xie yo.

美容師 : 這種樣式, 先剪頭髮, 然後做燙的。

미용사 : 이 스타일은 먼저 머리를 자르고 파마를 해야 합니다.

mi yong sa : yi sū ta yil ūn men ze me il ril za ri go
pa ma ril hɛ ya ham ni da.

王 : 你看着辦吧。

왕 : 알아서 해주세요.

wang : al a se hɛ zu xie yo.

美容師 : 你要做燙稍等一下, 可以嗎?

미용사 : 파마는 좀 기다리셔야 하는데, 괜찮겠습니까?

mi yong sa : pa ma nūn zom gi da li si-e ya ha nūn
die guɛn can gie ssim ni gga?

王 : 沒問題。等一下的時候, 能不能修指甲?

왕 : 괜찮습니다. 기다리는 동안에 손톱 소제를 해 주실 수 있습니까?

wang : guɛn can ssim ni da. gi da li nūn dong an ie
son top so jie ril hɛ zu xil su yi ssim ni gga?

美容師 : 好。看看你的手。你的手很美!

미용사 : 네. 손을 저에게 보여주세요. 손이 참 아름답습니다!

mi yong sa : nie. son ūl ze ie gie bo i-e zu xie yo. son
　　　　　　　yi can a lūn dap ssim ni da!

王 ： 哪兒的話! 請不要剪太短吧!
왕 ： 별 말씀을 하십니다! 너무 짧게 자르지는 마
　　　세요!
wang : bi-el mal ssim ūl ha xip ni da! ne mu zzal gie
　　　　za ri ji ma xie yo!

美容師 ： 明白了。你看一看。剪得怎么样?
미용사 ： 알겠습니다. 당신이 한 번 보세요. 맘에
　　　　　드세요?
mi yong sa : al gie ssim ni da. dang xin yi han ben bo
　　　　　　　xie yo. mam ie dū xie yo?

王 ： 好的。謝謝你。
왕 ： 좋습니다. 감사합니다.
wang : zo ssim ni da. gam sa hap ni da.

生詞

按摩	안마	an ma
刮胡子	면도, 수염을 깎다	mi-en do, su i-e mūl ggak da
吹頭發	드라이하다	dū la yi ha da

剪頭	커트	ke tū
燙髮	파마	pa ma
髮型	헤어스타일	hie e si ta yil
修指甲	손톱 소제	son top so jie

做髮型, 定型	세팅하다	xie ting ha da
髮露	헤어로션	hie e lo si-en
髮油	헤어오일	hie e o yil
面膜	팩	pɛk
護髮素, 潤絲	린스	lin si
香波	샴푸	siam pu
梳子	빗	bit
吹風機	드라이어기	
大梳子	브러쉬	bū le xü
指甲油	매니큐어(manicure)	mɛ ni ki-u e
指甲刀	손톱깎이	son top ggak yl

5》 의원과 약국(醫院和藥局)

① 접수(掛號)

王 : 掛號處在哪里?
왕 : 접수처가 어딥니까?
wang : zep ssu ce ga e dim ni gga?

案內員 : 請到1號窗口。
안내원 : 1번 창구로 가십시오.
an nɛ uon : yil ben cang gu ro ga xip xi o.

王 : 我想掛號。
왕 : 진료 접수를 하려고 합니다.
wang : jin lio zep su ril ha li-e go ham ni da.

接受員 : 你要去什么科, 要哪位医生的診療?
**접수원 : 무슨 과에 어떤 선생님에게 진료를 받으
시겠습니까?**
zep su uon : mu sūn ggua ie e dden sen sɛng nim ie
gie jin lio ril da dū xi gie ssim ni gga?

王 : 我要診療內科，我第一次來這醫院，所以沒有認識的醫生。

왕 : 내과에 진료를 받고 싶은데, 처음이라 아는 선생님이 없습니다.

wang : nε gua ie jin lio ril ba dat gu xip ūn die, ce ūm yi la a nū sen sεng nim yi ep ssim ni da.

接受員 : 那么，有一般診療與特別診療，你選擇哪種診療？

접수원 : 그러면 일반진료와 특별진료가 있는데, 어느 것을 원하십니까?

zep su uon : gū re mi-en yil ban jin lio wa tūk bi-el jin lio ga yi nūn die, e nū get ūl uon ha xip ni gga?

王 : 我要一般診療。

왕 : 일반진료를 받겠습니다.

wang : yil ban jin lio ril dat gie ssim ni da.

接受員 : 請給我健康保險證或者身分證，又繳卦號費。辦好了，這卦號把給內科護士。

접수원 : 건강보험증이나 신분증을 주시고, 또 접수비를 납부해 주십시오. 됐습니다. 이 접수증을 내과 간호사에게 제출하세요.

zep su uon : gen gang bo hem zūng yi na xin ben zūng ūl zu xi go, ddo zep su bi ril nap bu hε zu xip xi o. duε ssim ni da. yi zep su zūng nɛ gua gan ho sa ie gie jie cul ha xie yo.

王 ： 內科接受處在哪兒?
왕 ： 내과는 어디에 있어요?
wang : nɛ gua nūn e di ie yi sse yo?

接受員 ： 在3樓。
접수원 ： 3층에 있습니다.
zep su uon : sam ceng ie yi ssim ni da.

護士 ： 你叫什么名字?
간호사 ： 성함이 어떻게 되십니까?
gan ho sa : seng ham yi e ddet gie due xip ni gga?

王 ： 我叫王小云。
왕 ： 왕소운입니다.
wang : wang so un yip ni da.

護士 ： 預約的患者很多，請到診室門口等着叫你
       的名字!
**간호사 ： 예약 환자가 많으니까, 진료실 문 앞에서
         당신 이름을 부를 때까지 기다려주세요!**
gan ho sa : ye yak huan za ga man ū ni gga, jin lio xil
            mun ap ie se dang xin yi lūm ūl bu ril
            ddɛ gga ji gi da li-e zu xie yo!

卦號處	접수처	zep ssu ce
內科	내과	nɛ gua
健康保險證	건강보험증	gen gang bo hem zūng
診療	진료	jin lio
一般診療	일반진료	yil ban jin lio
特別診療	특별진료	tūk bi-el jin lio
預約的患者	예약 환자	ye yak huan za
護士	간호사	gan ho sa

有關詞匯

初診	초진	co jin
複診	재진	jɛ jin
急診病人	응급환자	ūng gūp huan za
住院	입원	yip uon
出院	퇴원	tue uon
外科	외과	yue gua
眼科	안과	an gua
耳鼻喉科	이빈후과	yi bin hu gua

皮膚科	피부과	pi bu gua
泌尿科	비뇨기과	bi nio gi gua
牙科	치과	ci gua
整形外科, 骨科	정형외과	zeng hi-eng yue gua
整容外科	성형외과	seng hi-eng yue gua
兒科	소아과	so a gua
婦産科	산부인과	san bu yin gua
神經精神科	신경정신과	xin gi-eng zeng xin gua
急診室	응급실	ūng gūp xil
綜合醫院	종합병원	zong hap bi-eng uon
大學醫院	대학병원	dɛ hak bi-eng uon
保健所	보건소	bo gen so
醫務室	의무실	ūi mu xil
療養所	요양소	yo yang so

② 내과(內科)

護士 : 王小云氏, 請這兒進來坐吧!
간호사 : 왕소운 씨, 이쪽으로 들어와서 앉으세요!
gan ho sa : wang so un ssi, yi zzo gū ro dūl e wa se
　　　　 an zi xie yo!

王 : 好的。
왕 : 네.
wang : nie.

醫生 : 你哪里不舒服?
의사 : 어디가 불편하십니까?
ūi sa : e di ga bul pi-en ha xip ni gga?

王 : 好像得重感冒了。發燒, 流鼻涕, 喉嚨與頭
也痛。而且渾身痛。
왕 : 심한 감기에 걸린 거 같습니다. 열도 있고,
콧물도 나오고, 목과 머리도 아픕니다. 그리
고 온 몸이 다 쑤십니다.
wang : xim han gam gi e gel lin ge gat ssim ni da. i-el
do yit go, kot mul do na o go, mok gua me li
do da a pūp ni da. gū li go on mom yi da ssu
ssim ni da.

醫生 : 讓我診斷一下。先請你量一下體溫吧! 請
你把嘴張開, 說'啊'。
의사 : 진료를 해봅시다. 먼저 체온을 재봅시다!
그리고 '아' 하고 입을 크게 벌려보세요.
ūi sa : jin lio ril hε bop xi da. men ze cie uon ūl zε
bop xi da! gū li go a ha go yi būl kū gie bel
li-e bo xie yo.

王 : 怎么樣?

왕 : 어떤 것 같습니까?

wang : e dden get gat ssin ni gga?

醫生 : 還發燒而且扁桃體腫得很厲害。咳嗽吗?
有沒有痰?

의사 : 아직까지 열도 있고 편도선이 많이 부어 있습니다. 기침과 가래도 나옵니까?

ūi sa : a zik gga ji ii-el do yit go pi-en do se ni ma ni
bu e yi ssim ni da. gi cim gua ga lɛ do na op
ni gga?

王 : 是, 有點咳嗽, 鼻子也有點塞。怎么辦好?

왕 : 네, 기침도 좀 나고 코가 막혀요. 어떻게 하면 좋아요?

wang : nie, gi cim do zom na go ko ga mak hi-e yo.
e dde gie ha mi-en zo a yo?

醫生 : 別擔心! 在這兒打針后, 幾天期間吃藥就
治好了。

의사 : 걱정 마세요! 여기서 주사를 맞고, 며칠 동안 약을 먹으면 곧 나을 것입니다.

ūi sa : gek zeng ma xie yo! i-e gi se zu sa ril mat go,
mi-et cil dong an yak ūl me gū mi-en got na ūl
get yip ni da.

王 : 我想只吃藥不打針行嗎?
왕 : 저는 단지 약만 먹고, 주사는 맞고 싶지 않은
     데 괜찮겠습니까?
wang : ze nūn dan ji yak man men go, zu sa nūn mat
        go xip ji an ūn die guɛn can gie ssim ni gga?

醫生 : 这种情况下, 打針比吃藥好, 更見效些。
의사 : 이 상태에서는 주사가 약보다 효과가 빠릅
       니다.
ūi sa : yi sang tɛ ie se nūn zu sa ga yak bo da hio
         gua ga bba lūp ni da.

王 : 那我還用吃藥嗎?
왕 : 그러면 약을 먹을 필요가 있을까요?
wang : gū re mi-en yak ūl men ūl pil yo ga yi ssūl gga
        yo?

醫生 : 藥也一起吃, 對你好。
의사 : 약도 함께 드셔야 좋습니다.
ūi sa : yak do ham ggie dū si-e ya zo ssim ni da.

王 : 那么, 我聽醫生的話。
왕 : 그러면 말씀대로 하겠습니다.
wang : gū re mi-en mal ssūm dɛ ro ha gie ssim ni da.

醫生 : 你跟着護士打針, 我給你開个藥方, 你拿
　　　　着去葯店買葯。

**의사 : 간호사를 따라가서 주사를 맞으시고, 약 처방
전을 드릴 테니, 약국에서 약을 지어가세요.**

ūi sa : gan ho sa ril dda la ga se zu sa ril mat ū xi go,
　　　　yak ce bang zen ūl dū lil die ni, yak guk ie se
　　　　ya gūl ji e ga xie yo.

王 : 知道了, 謝謝你。

왕 : 네, 감사합니다.

wang : nie, gam sa ham ni da.

護士 : 你跟着我去打針室! 請你到這邊躺下, 我
　　　　要打針你的臀部。

**간호사 : 저를 따라 주사실로 가시죠! 이쪽으로 누
우세요. 둔부에 주사를 놓겠습니다.**

gan ho sa : ze ril dda la zu sa xil ro ga xi zo! yi zzo
　　　　　　　gie nu u xie yo. dun bu ie zu sa ril not
　　　　　　　gie ssim ni da.

王 : 我眞的害怕打針!

왕 : 저는 주사를 맞는 게 정말 무서워요!

wang : ze nn zu sa ril mat nūn gie zūng mal mu se
　　　　wo yo!

護士 : 你不用害怕! 不太疼。已經做好了。
간호사 : 너무 무서워마세요! 그렇게 아프지 않습니다. 벌써 다 끝났습니다.

gan ho sa : ne mu mu se wo ma xie yo! gū ret gie a pū
ji an ssim ni da. bel sse da ggt na ssim ni da.

生詞

重感冒	심한 감기	xim han gam gi
發燒	열이 나다	i-el yi na da
鼻涕	콧물	kot mul
喉嚨	목	mok
頭	머리	me li
痛	아프다	a pū da
渾身	온 몸	on mom
體溫	체온	cie uon
扁桃體腫	편도선	pi-en do sen
咳嗽	기침	gi cim
痰	가래	ga lε
鼻子塞	코가 막히다	ko ga mak hi da
打針	주사	zu sa

藥方	약 처방전	yak ce bang zen
藥店, 藥局	약국	yak guk
臀部	둔부	dun bu

頭	머리	me li
臉	얼굴	el gul
眼睛	눈	nun
尾毛	눈썹	nun ssep
睫毛	속눈썹	sok nun ssep
雙眼皮兒	쌍꺼플	ssang gge pūl
鼻子	코	ko
耳朵	귀	gü
嘴	입	yip
嘴脣	입술	yip sul
牙	이	yi
脖子(嗓子)	목	mok
胳膊	팔	pal
膝盖	무릎	mu rūp
腿	다리	da li

頭髮	머리카락	me li ka lak
肩膀	어깨	e ggɛ
胸部	가슴	ga sūm
肚子	배	bɛ
腰	허리	he li
屁股	엉덩이	eng deng yi
背	등	dūng
脖膊	팔	pal
脖膊肘	팔꿈치	pal ggum ci
手	손	son
手指	손가락	son ga lak
指甲	손톱	son top
脚	발	bal
脚指	발가락	bal ga lak
心臟	심장	sim zang
肝臟	간장	gan zang
腎臟	신장	sin zang
胃	위	yü
肺	폐	pie
大腸	대장	dɛ zang
小腸	소장	so zang

十二指腸	십이지장	xip yi ji zang
預防接種	예방접종	ye bang zep zong
血液檢查	혈액검사	hi-el ɛk gem sa
小便檢查	소변검사	so bi-en gem sa
血庫	혈액은행	hi-el ɛk ūn hɛng
麻醉	마취하다	ma qü ha da
做手術	수술하다	su sul ha da
輸血	수혈하다	su hi-el ha da
物理治療	물리치료	mul li qi lio
消毒	소독하다	so dok ha da
X-光	X-레이	X-lie yi
惡心	메스껍다	mie si ggep da
嘔吐	토하다	to ha da
喘不過氣	숨이 차다	sum yi ca da
心跳	가슴이 뛰다	ga sūm yi ddü da
血壓高(低)	혈압이 높다(낮다)	hi-el ap yi nop da(nat da)
頭刺疼	머리가 쑤시다	me li ga ssu xi da
肚子難受	속이 쓰리다	sok yi ssū li da
手脚發麻	손발이 저리다	son bak yi ze li da
痒	가렵다	ga li-ep da
臉腫	얼굴이 붓다	el gul yi but da

頭暈	어지럽다	e ji lep da
嗓子痒	목이 간질거리다	mok yi gan zil ge li da
積食	체하다	qie ha da
牙冷	이가 시리다	yi ga xi li da
頭疼	두통	du tong
便秘	변비	bi-en bi
瀉肚子	설사	sel sa
支气管炎	기관지염	gi guan ji yi-em
肺炎	폐렴	pie li-em
发炎	염증	i-m zūng]:
肚子疼	복통	bok tong
嘔吐	구토	gu to
牙疼	치통	ci tong
神经疼	신경통	sin-gi-eng tong
癌症	암	am
胃癌	위암	yü am
肝癌	간암	gan am
肺癌	폐암	pi-e am

③ 한의원(韓醫院)

王 : 金先生, 我脚扭了。我走不動, 怎么辦?
왕 : 김 선생님, 저 발을 삐었어요. 움직일 수가
     없는데, 어떻게 하면 좋겠습니까?
wang : gim sen sɛng nim, ze nal ūl bbi e sse yo. um
       zik yil su ga ep nūn die, e ddt gie ha mi-en zo
       gie ssim ni gga?

金 : 你別擔心! 我陪你去一趟韓醫院。
김 : 너무 걱정하지 마세요! 제가 미스 왕을 부축
     해서 한의원으로 모시겠습니다.
gim : ne mu gek zeng ma xie yo! jie ga mi si wang ūl
      bu cuk hɛ se han ūi won ū ro mo xi g ie ssim
      ni da.

王 : 對不起, 打擾你了。
왕 : 폐를 끼쳐 드려서 미안합니다.
wang : pie ril ggi ci-e dū li-e se mi an ham ni da.

金 : 醫生, 你看一下我的脚!
김 : 의사선생님, 이 아가씨 발 좀 봐주세요!
gim : ūi sa sen sɛng nim, yi a ga ssi bl zom bua zu
      xie yo!

韓醫 : 讓我看一下, 整个脚都腫了。 你以前受過
傷嗎?

**한의사 : 한 번 봅시다. 발 전체가 부었군요. 이전
에 다친 적이 있습니까?**

han ūi sa : han ben bop xi da. bal zen cie ga bu et gun
yo. yi zen ie da cin zek yi yi ssim ni gga?

王 : 穿高跟鞋的時候, 經常扭脚脖子了。

왕 : 하이힐을 신으면 자주 발목을 접질렸어요.

wang : ha yi hil ūl xin ū mi-en za zu bal mok ūl zep
zil li-e sse yo.

韓醫 : 小心吧, 暫時不要穿高跟鞋。 你願意的話,
可以試試針灸, 怎么樣?

**한의사 : 조심하시고, 당분간 하이힐을 신지 마세
요. 환자가 원하면 침과 뜸이 좋은데, 어
떻게 하시겠습니까?**

han ūi sa : zo xim ha xi go, dang bun gan ha yi hil ūl
xin ji ma xie yo. huan za ga won ha mi-en
cim gua ddūm yi zo ūn die, e dde gie ha
xi gie ssim ni gga?

王 : 痛不痛?

왕 : 아프지 않아요?

wang : a pū ji an a yo?

韓醫 : 不痛! 你還有其他的症狀嗎?
한의사 : 아프지 않습니다! 또 다른 증상이 있습니까?
han ūi sa : a pū ji an ssim ni da! ddo da rūn zūng
sang yi yi ssim ni gga?

王 : 平常消化不良。
왕 : 평소에 소화가 잘 되지 않습니다.
wang : pi-eng so ie so hua ga zal due ji an ssim ni da.

韓醫 : 我來給你把把脈吧。把舌頭伸出來。
한의사 : 맥을 한 번 짚어봅시다. 혀도 밖으로 내
밀어보세요.
han ūi sa : mɛk ūl han ben jip e bop xi da. hi-e do
ba ggū ro nɛ mil e bo xie yo.

王 : 知道了。
왕 : 알겠습니다.
wang : al gie ssim ni da.

韓醫 : 胃寒引起的腸胃弱, 你試一試服用韓葯嗎?
한의사 : 위가 차서 위장이 많이 약해져 있습니다.
한약을 한 번 복용해 보시겠습니까?
han ūi sa : yü ga ca se yü zang yi man yi yak hɛ zi-e
yi ssim ni da. han yak ūl han ben bok
yong hɛ bo xi gie ssim ni gga?

王 : 要韓藥服用的時候, 該注意點是什么?
왕 : 한약을 먹을 때 주의할 점은 무엇인가요?
wang : han yak ŭl mek ŭl ddɛ zu ŭi hal zem ŭl zem
　　　　ŭn mu et yin ga yo?

韓醫 : 一定要禁烟, 酒。又三餐定时定量, 不要
　　　　吃辛辣食物與寒性飲料。
의사 : 반드시 금연과 금주하세요. 또 세 끼 식사
　　　　를 규칙적으로 하시고, 너무 매운 음식과
　　　　찬 음료를 드시지 마세요.
han ŭi sa : ban dū xi gūm i-en gua gūm zu ha xie yo.
　　　　　　ddo sie ggi xik sa ril gi-u cik zek ū ro ha
　　　　　　xi go, ne mu mɛ un ūm xik gua can ūm
　　　　　　lio ril dū xi ji ma xie yo.

王 : 謹記在心。
왕 : 명심하겠습니다.
wang : mi-eng xim ha gie ssim ni da.

韓醫 : 打個針灸后, 請你拿這開藥方到韓藥房去。
한의사 : 침과 뜸을 놓은 후에 이 처방전을 가지고
　　　　　한약방으로 가세요.
han ŭi sa : cim gua ddūm ŭl no ūn hu ie yi ce bang
　　　　　　zen ŭl ga ji go han yak bang ū ro ga xie
　　　　　　yo.

王 : 謝謝。
왕 : 네, 감사합니다.
wang : nie, gam sa ham ni da.

生詞

韓醫院。像似中醫院	한의원	han ūi won
脚扭了	발을 삐다	nal ūl bbi da
韓醫士。像似中醫大夫	한의사	han ūi sa
高跟鞋	하이힐	ha yi hil
針與灸	침과 뜸	cim gua ddūm
眽	맥	mɛk
胃寒	위가 차다	yü ga ca da
韓藥 像似中藥	한약	han yak
禁煙	금연	gūm i-en
禁酒	금주	gūm zu
辛辣食物	매운 음식	mɛ un ūm xik
寒性飲料	찬 음료	can ūm lio

藥丸	환약	huan yak
湯藥	탕약	tang yak
膏藥	고약	go yak
藥罐	약탕기	yak tang gi
補藥	보약	bo yak
鹿茸	녹용	nok yong
人蔘	인삼	yin sam
熬藥	약을 달이다	yak ūl dal yi da
溫藥, 熱藥	중탕하다	zung tang ha da
敷藥	찜질하다	zzim zil ha da
指壓	지압하다	ji ap ha da

(4) 약국(藥局)

王 : 請按照這處方給我配藥。
왕 : 이 처방전에 따라 약을 지어주세요.
wang : yi ce bang zen ie dda la yak ūl ji e zu xie yo.

藥師 : 看一看你的處方。
약사 : 약 처방전을 보여주세요.
yak sa : yak ce bang zen ūl bo i-e zu xie yo.

王 : 這兒有的。需要健康保險證嗎?
왕 : 여기 있습니다. 건강보험증도 필요한가요?
wang : i-e gi yi ssim ni da. gen gang bo hem zūng do
          pil yo han ga yo?

藥師 : 是，第一次來我們藥店的話要看的
**약사 : 예, 우리 약국에 처음 오셨으면 보여주셔야
          합니다.**
yak sa : nie, u li yak guk ie ce ūm o se ssū mi-en bo
          i-e zu si-e ya ham ni da.

王 : 今天我沒帶健康保險證，那怎么辦?
**왕 : 오늘은 건강보험증을 가지고 오지 않았는데,
          어떻게 하면 되나요?**
wang : o nūl ūn gen gang bo hem zūng ūl ga ji go o
          ji an at nūn die, e dde gie ha mi-en due na yo?

藥師 : 那么，下次來的時候，請你帶來吧!
약사 : 그러면 다음에 올 때 가지고 오세요!
yak sa : gū re mi-en da ūn ie ol ddɛ ga ji go o xie yo!

王 : 沒有醫生的藥方，不能買藥嗎?
왕 : 만약에 처방전이 없으면 약을 살 수 없습니까?
wang : man yak ie ce bang zen yi ep ū yak ūl sal su
          ep ssim ni gga?

藥師 : 是。除了消化劑及營養劑，避孕藥，感冒
藥等單純的藥以外，專門藥品都要醫生的
藥方。這兒出來你的藥。

**약사 : 네. 소화제 및 영양제, 피임약, 감기약 등
단순한 약을 제외하고, 전문적인 약은 모두
의사의 처방전이 있어야 합니다. 여기 약
나왔습니다.**

yak sa : nie. so hua jie mit i-eng yang jie, pi yim yak,
gan gi yak dūng dan sun han yak ūl jie yue
ha go, zen mun zek yin yak ūn mo du ūi sa
ūi ce bang zen yi yi sse ya ham ni da. i-e gi
ya ki na wa ssim ni da.

王 : 這藥怎么服用呢?

왕 : 약은 어떻게 복용합니까?

wang : yak ūn e dde gie bo io-ng ham ni gga?

藥師 : 一天三次，吃飯后服用吧!

약사 : 하루에 3번씩 식사 후에 드세요.

yak sa : ha ru ie sie ben xxik xik ssa hu ie dū xie yo.

王 : 要特別注意些什么?

왕 : 특별히 주의해야 할 점은 있습니까?

wang : tūk bi-el hi zu ūi hɛ ya hal zem ūn yi ssim ni
gga?

藥師：不要喝酒，暫時不要吃過油膩的菜。又多
　　　喝開水，好好休息吧!

**약사：술과 기름진 음식은 당분간 삼가세요. 또 물을
　　　 많이 마시고, 충분히 휴식을 취하세요!**

yak sa : sul gua gi rūm jin ūm xik ūn dang bun gan
　　　　 sam ga xie yo. ddo mol ūl man yi ma si go,
　　　　 cung bun hi hi-u xik ūl qü ha xie yo!

王 ：藥價一共多少錢?

왕 ：약값이 모두 얼마예요?

wang : yak ggap xi mo du el ma ye yo?

藥師：是3千元。

약사：삼천 원입니다.

yak sa : sam cen uon yip ni da.

生詞

消化劑	소화제	so hua jie
營養劑	영양제	i-eng yang jie
避孕藥	피임약	pi yim yak
感冒藥	감기약	gan gi yak

專門藥品	전문적인 약품	zen mun zek yin yak pum
油膩的菜	기름진 음식	gi rūm jin ūm xik
休息	휴식	hi-u xik

有關詞匯

藥粉	가루약	ga lu yak
藥片	알약(정제)	al yak(zeng jie)
藥水	물약	mul yak
膠囊	캡슐	kɛp si-ul
眼藥	안약	an yak
軟葯膏	연고	i-en go
繃帶	붕대	bung dɛ
邦迪	일회용 반창고	yil hue yong ban cang go
口罩	마스크	ma si kū
健康食品	건강식품	gen gang xik pum
飲食療法	식이요법	xik yi lio bep
民間療法	민간요법	min gan lio bep

6≫ 여관에서(在飯店)

① 여관 예약(預訂飯店)

王 : 喂! 那里是首爾飯店嗎? 請問一下有空房間嗎?
왕 : 여보세요! 서울여관이죠? 빈 방 있습니까?
wang : i-e bo xie yo! se ul i-e guan yi zo? bin bang yi
ssim ni gga?

飯店-服務員 : 是, 有的。你要預訂房間嗎?
여관 종업원 : 에, 있습니다. 방을 예약하시겠습니까?
zong ep uon : nie, yi ssim ni da. bang ūl ye yak ha xi
gie ssim ni gga?

王 : 是, 我想預訂明天和后天兩天的房間。
**왕 : 네, 내일부터 모레까지 묵을 방을 예약하고
싶습니다.**
wang : nie, nɛ bu te mo lie gga ji muk ul bang ūl ye
yak ha go xip ssim ni da.

服務員 : 飯店里有帶床的房間和韓國傳統的火炕
式房間, 你要什麼樣的房間?
**종업원 : 온돌방과 침대방이 있는데, 어떤 방으로
드릴까요?**
zong ep uon : on dol bang gua qim dɛ bang yi yit nūn
die, e dden bang ū ro dū lil gga yo?

王 : 我要帶床的雙人房間! 一天的房費多少錢?
왕 : 2인용 침대방으로 주세요! 방값이 하루에 얼마입니까?

wang : yi yin yong qim dɛ bang ū ro zu xie yo! bang gap yi ha lu ie e ma ye yo?

服務員 : 知道了, 一天是3万元。
종업원 : 네, 하루에 3만 원입니다.

zong ep uon : nie, ha lu ie sam man uon yim ni da.

王 : 那么, 預訂房間吧!
왕 : 그러면 예약해 주세요!

wang : gū le mi-en ye yak hɛ zu xie yo!

服務員 : 請問尊姓大名?
종업원 : 성함을 일러주세요?

zong ep uon : seng ham ūl yil le zu xie yo?

王 : 叫王小云。
왕 : 왕소운이라고 합니다.

wang : wang so un yi la go ham ni da.

服務員 : 好的, 預訂了。
종업원 : 예, 예약되었습니다.

zong ep uon : nie, ye yak due e ssim ni da.

② 투숙 수속(住宿手續)

服務員 : 歡迎光臨! 你預訂房間了嗎?
종업원 : 어서 오세요! 예약하셨습니까?
zong ep uon : e se o xie yo! ye yak ha si-e ssim ni gga?

王 : 是, 昨天以王小云的名字預訂的。
왕 : 네, 어제 왕소운이라는 이름으로 예약했습니다.
wang : nie, e jie wang so un yi la nūn yi lūm ū ro ye
　　　　yak hɛ ssim ni da.

服務員 : 等一下! 對, 你已經預訂好了。請你先
　　　　　登記一下, 好嗎?
**종업원 : 잠깐만 기다리세요! 맞습니다, 예약되어
　　　　　있습니다. 먼저 등록해 주시겠습니까?**
zong ep uon : zam ggan man gi da li xie yo! mat sim
　　　　　　　ni da. ye yak due e yi ssim ni da. men
　　　　　　　ze dūng lok hɛ zu xi gie ssim ni gga?

王 : 寫什么?
왕 : 무얼 쓰면 됩니까?
wang : mu el ssi mi-en duep ni gga?

服務員 ： 在這里填你的身分證號碼，然後在這里
　　　　 簽名。

**종업원 ： 여기에 당신 신분증 번호를 써주신 후,
　　　　　 서명해 주세요.**

zong ep uon : ii-e gi ie dang xin xin ben zūng ben ho
　　　　　　　　 ril sse zu xin hu, se mi-eng hɛ zu xie
　　　　　　　　 yo.

王 ： 好的。寫完了。房間是幾號？

왕 ： 그러죠. 다 적었습니다. 몇 호입니까?

wang : gū le zo. da zek e ssim ni da. mi-et ho yim ni
　　　　 gga?

服務員 ： 你的房間是3層305號。這是房間鑰匙。

**종업원 ： 3층에 305호실입니다. 여기 열쇠가 있습
　　　　　 니다.**

zong ep uon : sam cūng ie sam bɛk o ho xil yim ni
　　　　　　　　 da. i-e gi i-el xue ga yi ssim ni da.

王 ： 早飯在哪兒吃？

왕 ： 아침 식사는 어디에서 합니까?

wang : a cim xik sa nūn e di e se ham ni gga?

服務員 : 在一層的餐廳用早餐，可以在房間吃早飯。

종업원 : 아침 식사는 1층 식당에서 하셔도 되고, 방에서 주문하셔도 됩니다.

zong ep uon : a cim xik sa nūn yil cūng xik dang ie se ha si-e do due go, bang ie se zu mun ha si-e do duep ni da.

王 : 那么，請明天早上六点半叫醒我。七點把早餐送到我房間里來。

왕 : 그러면 아침 6시 30분에 깨워주시고, 7시에 방으로 아침을 가져다주세요.

wang : gū le mi-en a cim i-e set xi sam xip bun ie ggɛ wo zu xi go, yil gop xi ie a cim ril ga ji-e da zu xie yo.

服務員 : 知道了。你想吃點什么？

종업원 : 알겠습니다. 뭘 준비해 드릴까요?

zong ep uon : al gie ssim ni da. muol zum bi hɛ dū lil gga yo?

王 : 就是兩人份的面包和牛奶。

왕 : 빵하고 우유 2인분이면 됩니다.

wang : bbang ha go wu i-u yi yin bun yi mi-en duem ni da.

服務員 : 還有什么事嗎?
종업원 : 또 부탁할 것은 없습니까?
zong ep uon : ddo bu tak hal get ūn ep ssim ni gga?

王 : 房間里有飲料嗎?
왕 : 방에 마실 물이 있습니까?
wang : bang ie ma xil mol yi yi ssim ni gga?

服務員 : 房間里有鑛泉水, 還有電水煲, 請用吧!
종업원 : 방 안에 광천수가 있고, 또 전기포트가 있으니 사용하시면 됩니다.
zong ep uon : bang an ie guang cen su ga yit go, ddo zen gi po tū ga yi ssi ni sa yong ha xi mi-en duem ni da.

王 : 請告訴我這電話怎么用?
왕 : 전화는 어떻게 사용하지요?
wang : zen hua nūn e dde gie sa yong ha ji yo?

服務員 : 在電話機傍邊有說明書。
종업원 : 전화기 옆에 설명서가 있습니다.
zong ep uon : zen hua gu i-ep ie sa yong sel mi-eng se ga yi ssim ni da.

王 ： 知道了。如果多住幾天，有折扣嗎?

왕 ： 알겠습니다. 만약 며칠 더 묵으면 할인됩니까?

wang : al g ie ssim ni da. man yak mi-et cil de muk ū
    mi-en hal yin duem ni gga?

服務員 ： 可以，住一星期打八折，一星期以上打
    七折。

**종업원 ： 네, 1주일 동안 묵으면 20% 할인, 그 이
    상이면 30% 할인이 됩니다.**

zong ep uon : nie, yil zu yil dong an mok ū mi-en yi
        xip pū ro hal yin, gū yi sang yi mi-en
        sam xip pū ro hal yin yi duem ni da.

王 ： 那件事，今晚考慮一下，然後明天決定吧。

**왕 ： 그 일은 오늘 밤에 고려한 후에 내일 결정하
    겠습니다.**

wang : gū yil ūn o nūl bam ie go li-e han hu ie nɛ yil
    gi-el zeng ha gie ssin ni da.

服務員 ： 明白了。如果有不方便話，隨時找我，好
    嗎。

종업원 ： 네. 불편하신 게 있으면 언제든 연락주세요.

zong ep uon : nie. bul pi-en ha xin gie yi ssū mi-en
        en jie dūn i-en lak zu xie yo.

王 : 好的。謝謝你。
왕 : 좋습니다. 감사합니다.
wang : zo ssim ni da. gam sa ham ni da.

飯店	여관	i-e guan
預訂	예약	ye yak
韓國傳統的火炕式房間	온돌방	on dol bang
帶床的房間	침대방	qim dɛ bang
房費	방값	bang gap
登記	등록	dūng lok
身分證號碼	신분증 번호	xin ben zūng ben ho
鑰匙	서명	se mi-eng
早飯. 早餐	아침 식사	a cim xik sa
鑛泉水	광천수	guang cen su
說明書	설명서	sel mi-eng se
折扣	할인	hal yin
考慮	고려	go li-e
決定	결정	gi-el zeng

經理	지배인	ji bɛ yin
服務台	프론트	pū lon tū
大屋	홀	hol
單人房	싱글룸	xing gū lum
雙人房	트윈룸	tū yün lum
住宿費	숙박료	suk bak lio
預付	선불	sen bul
賬單	계산서	gie san se
服務費	서비스료	se bi si lio
小費	팁	tip
要洗的衣物	세탁물	xie tak mul
早晨叫醒的電話	모닝콜	mo ning kol
拖鞋	슬리퍼	sūl li pe
床單子	침대보	cim dɛ bo
被子	이불	yi bil
毛毯	담요	dam yo

03 주거 및 취업과 여행
(住居及就業和旅行)

1》 방 임대(租房)

王 : 我想找房子, 怎么辦好?
왕 : 방을 구하고 싶은데, 어떻게 하면 되지요?
wang : bang ūl gu ha go xip nn die e dde g ie ha
      mi-en d ue ji yo?

王 : 請你在房屋介紹所問一下。
김 : 부동산 중개소에서 물어보시면 됩니다.
gim : bu dong san zung gɛ so ie se mul e bo xi mi-en
      duem ni da.

王 : 打擾一下, 我想打聽一下租房子的事。
왕 : 실례하겠습니다, 방 좀 알아보러 왔습니다.
wang : xil lie ha gie ssim ni da, bang zom a ra bo re
       wa ssim ni da.

不動産-介紹人 : 你想租月租的房子還是想要全
　　　　　　　　稅房子?
**(부동산) 중개인 : 월세를 구하세요? 아니면 전세
　　　　　　　　를 구하세요?**

zung gɛ yin : wol xie ril gu ha xie yo? a ni mi-en zen
　　　　　　　　xie ril gu ha xie yo?

王 : 我想要月租的房子。
왕 : 월세를 구합니다.

wang : wol xie ril gu ham ni da.

介紹人 : 有押金是500万, 月租是50万的房子。
**중개인 : 보증금 500만 원에 월세 30만 원짜리
　　　　　방이 있습니다.**

zung gɛ yin : bo zūng gūm o bɛk uon ie wol xxie
　　　　　　　sam xip man uon zza li bang yi yi
　　　　　　　ssim ni da.

王 : 我可以看一下房看嗎?
왕 : 방을 한 번 볼 수 있습니까?

wang : bang ūl han ben bol su yi ssin ni gga?

介紹人 : 可以。房間周圍景色很美, 附近有地鐵
　　　　　站, 因此交通很方便。
중개인 : 그럼요. 방의 전망이 아주 좋고, 근처에

지하철역이 있어 교통이 편합니다.

zung gɛ yin : gū lem yo. bang ie zen mang yi a zu zo
            go, gū ce ie ji ha cel li-ek gi-o tong yi
            pi-en ham ni da.

王 : 我滿意這个房子。月租費里包括水, 電, 煤
     氣費嗎?

**왕: 이 방이 마음에 드는데요. 수도, 전기, 가스
     비용도 월세에 포함되어 있습니까?**

wang : yi bang yi ma ūm ie dū nūn die yo. su do, zen
       gi ga si, bi yong do wol xie ie po ham due e
       yi ssim ni gga?

介紹人 : 不。這些費另外交付。

중개인 : 아닙니다. 따로 계산하셔야 합니다.

zung gɛ yin : a nim ni da. dda ro gie san ha si-e ya
            ham ni da.

王 : 這些費怎么付?

왕 : 이 비용들은 어떻게 내야 돼요?

wang : yi bi yong dūl ūn e dde g ie nɛ ya duɛ yo?

介紹人 : 每個月將下來通知書, 你拿這個通知書
        到個交費處或銀行就行了。又每月房
        租費交給房東就可以了。

중개인 : 매달 통지서가 나오면, 이 통지서를 가지
　　　　고 해당 요금 수납처 혹은 은행에 가서
　　　　내면 됩니다. 또 월세는 매달 집주인에게
　　　　주면 됩니다.

zung gɛ yin : mɛ dal tong ji se ga na o mi-en, yi tong
　　　　　　 ji se ril ga ji go hɛ dang lio gūm su nap
　　　　　　 ce hok ūn ūn hɛng ie ga se nɛ mi-en
　　　　　　 duem ni da. ddo wol xie ūn jip zu yin
　　　　　　 ie zu mi-en duem ni da.

王 : 押金什么時候退款?

왕 : 보증금은 언제 다시 받을 수 있습니까?

wang : bo zūng gūm ūn en jie da xi ba dūl su yi ssim
　　　　ni gga?

介紹人 : 退房的時候收押金的。但退房1-2個月
　　　　前先通知房東。

중개인 : 방을 뺄 때 받을 수 있습니다. 그러나 집
　　　　을 나가기 1-2달 전에 미리 집주인에게
　　　　통보해야 합니다.

zung gɛ yin : bang ūl bbɛl ddɛ ba dūl su yi ssim ni
　　　　　　 da. gū le na jip ūl na ga gi han du zen
　　　　　　 ie mi li jip zu yin ie gie tong bo hɛ ya
　　　　　　 ham ni da.

王 : 簽約期限幾年?

왕 : 계약 기간은 몇 년입니까?

wang : gie yak gi gan ūn mi-e ni-n yim ni gga?

介紹人 : 一般是1-2年。如果繼續住下來的話, 再
簽約就行了。

**중개인 : 일반적으로 1-2년이고, 더 있고 싶으면
재계약을 하면 됩니다.**

zung gɛ yin : yil ban zek ū ro yil yi ni-n yi go, de yit
go xip ū mi-en jɛ gie yak ūl ha mi-en
duem ni da.

王 : 好的。我要簽約, 仲介紹費多少錢?

**왕 : 좋습니다. 계약하겠습니다. 중개수수료는 얼
마입니까?**

wang : zo ssim ni da. gie yak ha g ie ssim ni da. zung
gɛ su su lio nūn el ma yim ni gga?

介紹人 : 是簽約費的0.5%的。

중개인 : 계약 금액에 0.5%입니다.

zung gɛ yin : gie yak gūm ɛk ie 0.5% yim ni da.

生詞

不動産介仲所, 房屋介紹所	부동산 중개소	bu dong san zung gɛ so
月租	월세	wol xie
全税, 租付押金的房子	전세	zen xie
押金	보증금	bo zūng gūm
通知書	통지서	tong ji se
水, 電, 煤氣費	수도, 전기, 가스 비용	su do, zen gi ga si, bi yong
交費處	수납처	su nap ce
房東	집주인	jip zu yin
簽約, 合同	계약	gie yak
簽約期限	계약기간	gie yak gi gan
再簽約	재계약	jɛ gie yak
仲介紹費	중개수수료	zung gɛ su su lio
簽約費	계약금액	gie yak gūm ɛk

搬家公司	이삿짐센터	yi sa jim sien te
公寓	아파트	a pa tū
小洋房, 單獨住宅	단독주택	dan dok zu tɛk
小型公寓樓	연립 주택	i-en lip zu tɛk
多戶合住公寓	다세대 주택	da xie dɛ zu tɛk
門洞, 前門	현관	hi-en guan
客廳	거실, 응접실	ge xil, ūng zep xil
書房	서재	se zɛ
廚房	부엌, 주방	bu ek, zu bang
浴室	목욕실	mok yok xil
衛生間	화장실	hua zang xil
陽台	베란다	bɛ lan da
多用途室	다용도실	da yong do xil
里屋	안방	an bang
客廳的地面	마루	ma lu
倉庫	창고	cang go
院子	마당	ma dang
樓梯	계단	gie dan

電梯	엘리베이터	iel li bie te
窗戶	창	cang
衣柜	옷장	ot zang
梳粧台	화장대	hua zang dɛ
飯桌	식탁	xik tak
浴缸	욕조	yok zo
沙發	소파	so pa
書柜	책장	cɛk zang
壁柜	붙박이장	but bak yi zang
窗簾	커튼	ke tūn
地毯	카펫	ka piet
裱糊	도배하다	do bɛ ha da

2》 취업(就業, 找工作)

1 직업소개소(職業介紹所)

王 : 你能帮助我找一份工作吗?

왕 : 제가 일자리를 찾는데 도와줄 수 있습니까?

wang : jie ga yil za li ril cat nūn die do wa zu xil ssu
yi ggie ssim ni gga?

金 ： 您可以到職業介紹所去尋找幫助。

김 ： 직업소개소에 가서 도움을 구해 보세요.

gim : jik ep so gɛ so e ga se do um ūm gu hɛ bo xie yo.

職業介紹所-相談員 ： 你想做哪一類的工作?

(직업소개소) 상담원 ： 어떤 직업을 찾으려고 합니까?

(zik ep so gɛ so) sang dam uon : e dden jik cat ū li-e
go ham ni gga?

王 ： 我正爲了掙生活費到處找打份零工。

왕 ： 생활비를 좀 벌려고 잠시 아르바이트를 찾고
있어요.

wang : sɛng hual bi ril zom bel zam xi a ri ba yi tū ril
cat go yi sse yo.

相談員 ： 有許多的職種, 比如鎖售員, 餐廳服務
員, 清洁工, 保姆, 課外輔導等等…你想
做什么樣的工作?

**상담원 ： 여러 가지 일거리가 있습니다. 예를 들면
판매원, 식당종업원, 청소부, 가정부, 과
외 지도 등등, 어느 직종을 원하세요?**

sang dam uon : i-e le ga ji yil ge li ga yi ssim ni da.
ye ril dūl mi-en pan mɛ uon·xik dang
zong ep uon, ceng so bu, ga zeng
bu, gua yue ji do… e nū jik zong ūl
uon ha xie yo?

王 ： 餐廳服務員適合我。
왕 : 식당 종업원이 저에게 적합한 것 같습니다.
wang : xik dang zong ep uon yi ze ie gie zek hap han
get gat sim ni da.

相談員 ： 您過去从事過餐廳服務員工作吗?
상담원 : 과거에 식당 종업원 일을 해보았습니까?
sang dam uon : gua ge ie xik dang zong ep uon yil ūl
hɛ bo a ssim ni gga?

王 ： 沒有。但我工作时很認真。
**왕 : 없습니다. 그러나 기회가 주어진다면 최선을
다하겠습니다.**
wang : ep sūp ni da. gū le na gi hue ga zu e jin da
mi-en que sen ūl da ha gie ssim ni da.

相談員 ： 你覺得首月工資應該是多少呢?
상담원 : 초봉은 얼마나 생각하고 있습니까?
sang dam uon : co bong ūn el ma na sɛng gak ha go
yi ssim ni gga?

王 ： 月薪是100万元左右。
왕 : 월급은 100만 원 정도입니다.
wang : wol gū būn bɛk man won zeng do yip ni da.

相談員 : 請在求職申請書上寫清楚您的履歷和電
話號碼, 通訊地址。

상담원 : 알았습니다. 구직신청서에다 당신의 이력과
전화번호, 연락처를 분명히 적으십시오.

sang dam uon : al a ssim ni da. gu zlk xin ceng se ie
da dang xin ūi yi li-ek gua zen hua
ben ho i-en lak ce ril bun hi zek ū
xip xi o.

王 : 寫完了。有消息請給我打個電話。

왕 : 다 적었습니다. 소식이 있으면 저에게 전화로
알려주세요.

wang : da zek e ssim ni da. so xik yi yi ssi mi-en ze ie
gie zen hua ro al li-e zu xie yo.

相談員 : 知道了, 先回去等信兒吧!

상담원 : 알았습니다, 돌아가서 기다리십시오!

sang dam uon : al a ssim ni da, dol a ga se gi da li
xip xi o.

王 : 再拜托你。請盡快幫我找個餐廳。

왕 : 다시 부탁합니다. 가급적 빨리 저에게 식당을
소개해 주십시오.

wang : da xi bu tak ham ni da. ga gūp zek bbal li ze
ie gie xik dang ūl so gɛ hɛ zu xip xi o.

相談員：放心吧! 有了求人的餐廳, 馬上通知你。
상담원 : 네! 일할 사람을 찾는 식당이 있으며 바로 알려드리겠습니다.
sang dam uon : nie! yil hal sa lam ūl cat nūn xik dang yi yi ssi mi-en ba ro al li-e dū li gie ssim ni da.

王：介紹費是多少?
왕 : 소개비는 얼마입니까?
wang : so gɛ bi nūn el ma yip ni gga?

相談員：按首月工资的10%收費。
상담원 : 초봉에 10%를 받습니다.
sang dam uon : co bong ie xip pu ro ril bat sūp ni da.

② 식당 일자리 얻기(詢問餐廳工作)

王：聽說你們餐廳求服務員, 對不對?
왕 : 여기 식당에서 종업원을 구한다고 했는데, 맞습니까?
wang : i-e gi xik dang ie se zong ep won ūl gu han da go hɛt nūn die, mat ssin ni gga?

餐廳-老板：你怎么知道這兒求服務員?
(식당) 사장 : 어떻게 알고 왔습니까?
(xik dang) sa zang : e dde gie al go wa ssim ni gga?

王 : 在職業介紹所介紹的。

왕 : 직업소개소에서 소개해 주었습니다.

wang : jik ep so gɛ so ie se so gɛ hɛ zu e ssim ni da.

老板 : 你叫什么名字, 從哪里来的阿?

사장 : 이름이 어떻게 되고, 어디서 왔습니까?

sa zang : yi lūm yi e dde gie due go, e di se wa ssim
ni gga?

王 : 我叫王小云, 来自中國長春。

왕 : 제 이름은 왕소운이고, 중국 장춘에서 왔습니다.

wang : jie yi lūm wang so un yi go, zong guk zang
cun ie se wa ssim ni da.

老板 : 你有餐廳工作經驗嗎? 主要工作在餐廳里
傳菜, 客人吃完饅赶緊收拾一下碗把桌子
抹干凈。

**사장 : 식당 일을 해본 적이 있어요? 주로 하는 일
은 식당 안에서 음식을 서빙하고, 손님이
식사를 마치면 빨리 음식 접시와 식탁을 깨
끗이 닦는 것입니다.**

sa zang : xik dang yil ūl hɛ bon zek yi yit e yo? zu ro
ha nūn yil ūn xik dang an ie se ūm xik ūl se
bing ha go son nim yi xik sa ril ma qi mi-en
bbal li ūn xik zep xi wa xik tak ūl ggɛ ggū
xi da ggūn get yim ni da.

王 : 沒有, 我想盡力搏一次。

왕 : 없지만 최선을 다해 한 번 해보겠습니다.

wang : ep ji man que se nūl da hε han ben hε bo gie
　　　ssim ni da.

老板 : 好的! 每天劳动时间10小时左右。從上
　　　午11点鍾開始到下午9点鍾結束的, 可以
　　　嗎?

사장 : 좋아요! 매일 근무시간은 10시간 정도인데,
　　　오전 11시부터 시작해서 오후 9시에 끝나
　　　요. 괜찮겠습니까?

sa zang : zo a yo! mε yil gūn mu xi gan ūn yi-el xi
　　　　　gan zeng do yin die, o zen yi-el xi bu te xi
　　　　　zak hε se d hu a hop ie ggūt na yo. guεn
　　　　　can sūp ni gga?

王 : 沒問題。月薪多少元?

왕 : 문제없어요. 그런데 한 달 급료는 얼마에요?

wang : mun jie ep e yo. gū len die han dal gūp lio
　　　nūn el ma ye yo?

老板 : 是100万元。如果做好的話, 可以給你獎金。

사장 : 100만 원이고, 일을 잘하면 특별수당도 줄
　　　수 있습니다.

sa zang : bεk man won yi go, yil ūl zal ha mi-en tūk
　　　　　bi-el su dang do zul su yi ssim ni da.

王 : 什么時候有暇日?
왕 : 쉬는 날은 언제입니까?
wang : xü nūn nal ūn e jie yip ni gga?

老板 : 每週星期天是停業的。
사장 : 매주 일요일에 쉽니다.
sa zang : mɛ zu yil yo yil ie xüp ni da.

王 : 那么, 我什么時候開始上班?
왕 : 그러면 저는 언제부터 출근할까요?
wang : gū le mi-en ze nūn en jie bu te cul gūn hal
gga yo?

老板 : 現在缺人, 從明天開始上班, 怎么樣。
**사장 : 일손이 없어서 내일부터라도 출근했으면 좋
겠습니다.**
sa zang : yil son yi ep e se nɛ yil bu te la do cul gūn
hɛt ū mi-en zo gie ssim ni da.

王 : 知道了。我從明天就上班, 以后請你多多關
照吧!
**왕 : 잘 알았습니다. 내일부터 출근하겠습니다. 앞
으로 잘 부탁합니다!**
wang : zal al a ssim ni da. nɛ yil bu te cul gūn ha gie
ssim ni da. a pū ro zal bu tak ham ni da!

職業介紹所	직업소개소	jik ep so gɛ so
生活費	생활비	sɛng hual bi
销售員	판매원	pan mɛ uon
餐廳服務員	식당종업원	xik dang zong ep uon
清洁工	청소부	ceng so bu
保姆	가정부	ga zeng bu
課外輔導	과외지도	gua yue ji do
首月工資	초봉	co bong
求職申請書	구직신청서	gu zik xin ceng se
履歷	이력	yi li-ek
通訊地址	연락처	i-en lak ce
介紹費	소개비	so gɛ bi
老板	사장	sa zang
傳菜	음식을 서빙하다	ūm xik ūl se bing ha da
把桌子抹干净	식탁을 깨끗이 닦다	xik tak ūl ggɛ ggū xi dagg da
勞動時間	근무시간	gūn mu xi gan
月薪	한달 급료	han dal gūp lio
獎金	특별수당	tūk bi-el su dang
暇日	쉬는 날	xü nūn nal
上班	출근	cul gūn

一天做工作的職	일용직	yil yong jik
庫管	창고관리	cang go guan li
設備	설비	sel bi
數控車工	디지털 선반 작업공	di ji tel sen ban zak ep gong
保管員	보관원	bo guan uon
保安	수위	s u yü
司機	운전기사	un zen gi sa
安裝, 維修電工	전기설치, 수리공	zen gi sel qi, su li gong
乘務員	승무원	sūng mu uon
工人	공인	gong yin
教師	교사	gi-o sa
營業員	영업원	i-eng ep uon
保洁員	환경미화원	huan gi-eng mi hua uon
内勤	내근	nε gūn
業務員	업무원	ep mu uon
鎖售員	판매원	pan mε uon
經理	지배인	ji bε yin

辦公室文員	사무실 문서관리원	sa mu xil mun se guan li uon
會計	회계	hue gie
翻譯	번역	ben i-ek
通譯	통역	tong i-ek

③ 이사 후 이웃 집 방문(喬遷后拜訪鄰居)

王 : 有人在家嗎?
왕 : 집에 사람 계십니까?
wang : zip ie sa lam gie xim ni gga?

鄰居-張 : 有, 是哪一位?
(이웃집) 장 : 네, 누구세요?
(yi wut zip) zang : nie, nu gu xie yo?

王 : 我是隔壁新搬來的鄰居, 叫王小云。以後請
　　多多關照。
**왕 : 저는 이웃으로 새로 이사 온 왕소운이라고 합
　　니다. 앞으로 잘 부탁합니다.**
wang : ze nūn yi wu si ro sɛ ro yi sa on qang so un
　　　　yi la go ham ni da. a pū ro zal bu tak ham ni
　　　　da.

張 : 見到你很高興。我是張藝眞的媽媽。你從哪里搬過來的?

장 : 반갑습니다. 저는 장예진이 엄마예요. 어디서 이사 왔습니까?

zang : ban gap ssim ni da. ze nūn zang ye jin yi em ma ye yo. e di se o wa ssim ni gga?

王 : 我從中國長春來。

왕 : 중국 장춘에서 왔습니다.

wang : zung guk zang cun ie se wa ssim ni da.

張 : 遠方來了! 是不是中國人? 今后相處和合吧。

장 : 멀리서 왔네요! 중국 사람인가요? 앞으로 잘 지내요.

zang : mel li se wat nie yo! zung guk sa lam yun ga yo? a pū ro zal ji nie yo.

王 : 這是搬家年糕, 你嘗一下吧!

왕 : 네, 이것은 이사 떡인데 맛있게 드세요!

wang : nie, yi ge sūn yi sa ddk yin die ma xi gie dū xie yo!

張 : 謝謝。你說得韓國話眞好!

장 : 감사합니다. 그런데 한국말 참 잘 하시네요!

zang : gan sa ham ni da. gū len die han guk mal cam zal ha xi nie yo!

王：哪里哪里，實際上我只會說簡單的話。以後請多多指教。

왕：별 말씀을, 사실은 간단한 말밖에 못 합니다! 앞으로 많이 가르쳐주세요.

wang : bi-el mal ssim ūl, sa xi rūn gan dan han mal bbun yi mot ham ni da! a pū ro ma ni ga ri ci-e zu xie yo.

張：你有疑問的话，隨時問我，我一定幫你。而且有空的話，一定要來玩啊!

장：궁금한 것이 있으면 언제든지 물어보세요. 제가 반드시 도와드릴게요. 또 시간이 나면 우리 집에 놀러오세요!

zang : gum gūm han ge xi yi si mi-en en jie dūn ji mul e bo xie yo. jie ga ban dū xi do wa dū li gie yo. ddo xi gan yi na mi-en u li zip ie nol le o xie yo!

王：謝謝，再見!

왕：감사합니다, 안녕히 계세요!

wang : gam sa ham ni da, a ni-eng hi gie xie yo!

生詞

喬遷, 搬家	이사	yi sa
鄰居	이웃	yi wut
搬家年糕	이사 떡	yi sa ddk

3》 여행(旅行)

① 여행 계획(旅行計劃)

金 : 下周有連續假期，你有什么安排吗？ 沒有
的話，一起去濟州島走走吧。

김 : 다음 주가 연휴인데, 무슨 계획이 있습니까?
없으면 함께 제주도로 놀러갑시다.

gim : da ūm zu ga i-en hi-u yin die, mu sūn gie hue
gi yi ssim ni gga? ep ū mi-en ham gie jie zu do
ro nol le gap xi da.

王 : 好的。聽說濟州島很美麗的島。濟州島怎么
去？

왕 : 좋습니다. 제주도는 참 아름다운 섬이라고 들
었어요. 근데 제주도는 어떻게 가면 돼요?

wang : zo sim ni da. jie zu do nūn cam a lūm da un
sem yi la go dūl e se yo. gūn die jie zu do
nūn e dde gie ga mien due yo?

金 : 如果坐飛機的話，从首爾到濟州島，需要1
小時。不忙的話，先去釜山，仁川，木浦等
的港口，坐船過去也行。

**김 : 만약 비행기를 타고 가면 서울에서 제주도까
지 1시간 걸립니다. 바쁘지 않으면 부산이나
인천, 목포 등지에서 배를 타고 가도 됩니다.**

gim : man yak bi hɛng gi ril ta go ga mi-en se ul ie se
jie zu do gga ji han xi gan gel lim ni da. ba bbū
ji an ū mi-en bu san yi na yin cen, mok po
dūng ji ie se bɛ ril ta go ga do duem ni da.

王 : 聽說釜山市韓國的第二大城市，我也沒有去
過。所以從釜山坐船去濟州道，怎么樣？

**왕 : 부산도 한국에서 두 번째로 큰 도시라고 들었
는데, 저는 아직 못 가봤습니다. 그래서 부산
에서 배를 타고 가면 어떨까요?**

wang : bu san do han guk ie se du ben zzɛ ro kūn do
xi la go dūl et nūn die, ze nūn a jik mot ga ba
ssim ni da. gū lɛ se bu san ie se bɛ ril ta go
ga mien e ddel gga yo?

金 : 好的。那么，從首爾出發，經過慶州到釜山吧。慶州是新羅的古都有很多值得一看的。特別是石窟庵和佛國寺由聯合國教科文組織指定爲世界文化遺産。

김 : 좋습니다. 그럼 서울에서 경주를 들러 부산으로 갑시다. 경주는 신라의 고도라 볼 것이 많습니다. 특히 석굴암과 불국사 등은 세계 문화유산이지요.

gim : zo ssim ni da. gū lem se ul ie se gi-eng zu ril dūl le bu san ū ro gap xi da. gi-eng zu nūn sin la ūi go do la bol ge si man ssim ni da. tūk hi sek gul am gua bul guk sa dūng ūn sie gie mun hua i-u san yi ji yo.

王 : 好主意! 坐火車好，還是坐高速汽車好?

왕 : 좋은 생각입니다! 그러면 기차를 타고 가나요, 고속버스를 타고 가나요?

wang : zo ūn sɛng gak yip ni da! gū le mi-en gi ca ril ta go ga na yo, go sok be sū ril ta go ga na yo?

金 : 坐火車又安全又快，還是坐火車吧。

김 : 기차가 제일 안전하고 또 빠르니, 역시 기차를 타고 갑시다.

gim : gi ca ga jie yil an zen ha go ddo bba ri ni, i-ek xi gi ca ril ta go gap xi da.

連續假期, 連休	연휴	i-en hi-u
濟州島	제주도	jie zu do
美麗的島	아름다운 섬	a lūm da un sem
釜山	부산	bu san
仁川	인천	yin cen
木浦	목포	mok po
坐船	배를 타다	bɛ ril ta da
慶州	경주	gi-eng zu
新羅	신라	sin la
古都	고도	go do
石窟庵	석굴암	sek gul am
佛國寺	불국사	bul guk sa
世界文化遺産	세계문화유산	sie gie mun hua i-u san
火車	기차	gi ca
高速汽車, 高速公交車	고속버스	go sok be sū

한국의 법정공휴일(韓國的法定節假日)

元旦	1月1日(陽曆) 신정	xin zeng
春節	1月1日(農曆) 구정	gu zeng
三一獨立記念日	3月1日(陽曆) 삼일독립기념일	sam yil dok lip gi ni-em yil
釋迦誕辰日	4月8일(陰曆) 부처님 오신 날	bu ce nim o xin nal
兒童節	5월5일(陽曆) 어린이날	e lin yi nal
顯忠日	6월6일(陽曆) 현충일	hi-eng cung yil
制憲節	7월17일(陽曆) 제헌절	jie hen zel
光復節	8월15일(陽曆) 광복절	guang bok zel
秋夕, 中秋節	8월15일(陰曆) 추석, 중추절	cu sek, zung cu zel
開天節	10월3일(陽曆) 개천절	gɛ cen zel
聖誕節	12월25일(陽曆) 성탄절	seng tan zel

② 기차표 예매(預購火車)

王 : 我想明天去慶州, 可以預訂火車票嗎?

왕 : 내일 경주에 가려고 하는데, 기차표를 예약할
수 있습니까?

wang : nε yil gi-eng zu ie ga li-e go ha nūn die, gi ca
pio ril ye yak hal su yi ssim ni gga?

賣票員 : 有無窮花號與新村號, 高速列車, 你想
坐哪種火車?

매표원 : 무궁화호, 새마을호, 고속열차가 있는데,
어떤 것을 타겠습니까?

mε pio uon : mu gung hua ho, sε ma ūl ho, go sok
i-el ca ga yit nūn die, e dden ge sūl ta
gie ssim ni gga?

王 : 有什么差別? 坐高速列車的話, 直通從首爾
到慶州的嗎?

왕 : 어떤 차이가 있나요? 고속열차를 타면 서울에
서 경주까지 바로 가는 것이 있습니까?

wang : e dden ca yi ga yit na yo? go sok i-el ca ril ta
mi-en se ūl ie se gi-eng zu gga ji ba ro ga nūn
ge xi yi ssim ni gga?

賣票員 : 有時間與費用的差別, 坐高速列車最快
又貴, 下次新村號, 順着無窮花號的。
坐無窮花號與新村號的話, 不換車直通
到慶州, 但坐高速列車的話, 你在東大
邱站換乘其他的列車。

매표원 : 시간과 요금에 차이가 있습니다. 고속열
차가 가장 빠르면서 비싸고 그 다음은 새
마을호, 무궁화호 순입니다. 무궁화와
새마을호를 타면 경주까지 갈아타지 않
아도 됩니다. 그러나 고속열차는 동대구
에서 갈아타야 합니다.

mɛ pio uon : xi gan gua yo gūm ie ca yi ga yi ssim ni
da. go sok i-el ca ga ga zang bba ū mi-en
se bi ssa go gū da ūm ūn sɛ ma ūl ho,
mu gung hua ho sun yim ni da. mu gung
hua wa sɛ ma ūl ho ril ta mi-en gi-eng
zu gga ji gal a ta ji an a do duem ni da.
gū le na go sok i-el ca nūn dong dɛ gu
ie se gal a ta ya ham ni da.

王 : 那么, 請給我兩張去慶州的新村號的票吧!

왕 : 그러면 오후 1시에 출발하는 경주행 새마을호
로 2장 주세요!

wang : gū le mi-en o hu han xi ie cul bal ha nūn
gi-eng zu hɛng sɛ ma ūl ho ro du zang zu xie
yo!

賣票員 : 現在沒有下午一点鍾的票，但有下午三
点鍾的票，還是你想訂嗎？

**매표원 : 오후 1시 표는 매진되고, 오후 3시에 빈자리
가 있는데, 그래도 예약하시겠습니까?**

mɛ pio uon : o hu han xi pio nūn mɛ jin due go, o
hu sie xi ie bin za li ga yit nūn die, gū
lɛ do ye yak ha xi gie ssim ni gga?

王 : 是，我要訂! 到慶州需要多長時間呢？

왕 : 네, 예약해 주세요! 경주까지 몇 시간 걸립니까?

wang : nie, ye yak hɛ zu xie yo! gi-eng zu gga ji mi-et
xi gan gel lim ni gga?

賣票員 : 需要四個半小時。

매표원 : 4시간 30분 걸립니다.

mɛ pio uon : nie xi gan sam xip bun gel lim ni da.

王 : 一共多少錢？

왕 : 모두 얼마예요?

wang : mo du el ma ye yo?

賣票員 : 二張就是九萬元。

매표원 : 2장에 9만 원입니다.

mɛ pio uon : du zang ie gu man uon yim ni da.

預訂	예약	ye yak
窮花號	무궁화호	mu gung hua ho
新村號	새마을호	sɛ ma ūl ho
高速列車	고속열차	go sok i-el ca
東大邱	동대구	dong dɛ gu
卖光，沒有票的	매진	mɛ jin

③ 기차 안에서(坐火車)

王 : 去慶州的新村號列車在幾號站台發車?

왕 : 경주행 새마을호 열차는 몇 번 플랫폼에서 출발합니까?

wang : gi-eng zu hɛng sɛ ma ūl ho i-el ca nūn mi-et ben pūl rɛ pom ie se cul bal ham ni gga?

檢票員 : 列車出發10分前，你等着1號站台吧!

검표원 : 출발하기 10분 전에 1번 플랫폼에서 기다리세요!

gem pio uon : cul bal ha gi xip bun zen ie yil ben pūl rɛ pom ie se gi da li xie yo!

金 ： 火車來了，上車吧！這兒就是我們的座位，
我們把行李上放在行李架上吧！

김 ： 열차가 왔습니다. 올라가시죠! 여기가 우리 좌
석입니다. 여행 가방은 위에다 올려놓지요!

gim : i-el ca ga wa ssim ni da. ol la ga xi zo! i-e gi ga
u li zua sek yip ni da. i-e hɛng ga bang ūn yü ie
ol li-e not ji yo!

王 ： 好的。這里非常干淨而且很舒服。

왕 ： 네, 여기는 매우 깨끗하고 쾌적합니다.

wang : nie, i-e gi nūn mɛ u ggɛ ggūt ha go kuɛ zeng
ham ni da.

金 ： 是呀。我喜歡乘火車旅行，因爲我喜歡透過
窗戶看外邊的景色。

김 ： 맞습니다. 저는 기차여행을 좋아하는데, 그
까닭은 창가에서 가까운 경치를 감상할 수
있기 때문입니다.

gim : ma ssim ni da. ze nūn gi ca i-e hɛng ūl zo a ha
nūn die, gū gga dda gūn cang ga ie se ga gga ūn
gi-eng qi ril gam sang hal su yit gi ddɛ mun ie
yim ni da.

王 : 我也喜歡火車旅行。而且坐火車旅行使我覺
得自在，沒有拘束，還給我一種安全感。

**왕 : 저도 기차여행을 좋아합니다. 기차는 구속이
없으면서 자유롭고 안전감이 듭니다.**

wang : ze do gi ca i-e hεng ūl zo a ham ni da. gi ca
nūn gu sok yi ep ū mi-en se za i-u rop go an
zen gam yi dūp ni da.

金 : 火車里有餐車，如果你餓的話，咱們去餐車
充飢。

**김 : 기차 안에 식당 칸이 있으니, 만약 시장하면
가서 요기하시죠.**

gim : gi ca an ie xik dang kan yi yit ū ni, man yak xi
zang ha mi-en ga se yo gi ha xi zo!

王 : 我現在不餓，我帶來了茶水和煮熟的蛋。你
先吃吧! 然後等一候兒買兩盒盒飯吧!

**왕 : 저는 지금 배고프지 않아요. 제가 차와 삶은
계란을 가지고 왔으니, 먼저 드시고 좀 있다
가 도시락을 사서 먹읍시다!**

wang : ze nūn ji gūm bε go pū ji an a yo. jie ga ca
wa sal mūn gie lan ūl ga ji go wa sū ni, men
ze dū xi go zom yit da ga do xi lak ūl sa se
mek ūp xi da!

金 : 太好了！我現在正想吃茶水和煮熟的蛋。

**김 : 너무 좋습니다! 저는 지금 차와 삶은 계란을
먹고 싶었습니다.**

gim : ne mu zo ssim ni da! ze nūn ji gūm ca wa sal
mūn gie lan ūl mek go xip e ssim ni da.

生詞

站台	플랫폼	pūl rɛ pom
檢票員	검표원	gem pio uon
座位	좌석	zua sek
行李	여행가방	i-e hɛng ga bang
景色	경치	gi-eng qi
充飢	요기	yo gi
餐車	식당 칸	xik dang kan
茶	차	ca
煮熟的蛋	삶은 계란	sal mūn gie lan

剪票口	개찰구	gɛ cal gu
前一站	앞 정류장	ap zeng li-u zang
后一站	다음 정류장	da ūm zeng li-u zang
單軌列車	모노레일	mo no lie yil

④ 고속버스, 선박에서(坐高速汽車, 乘船)

王 : 從慶州到釜山需要幾個小時？

왕 : 경주에서 부산까지 몇 시간 걸려요?

wang : gi-eng zu ie se bu san gga ji mi-et xi gan gel
　　　li-e yo?

金 : 大約1個半小時左右。

김 : 대략 1시간 30분 정도 걸립니다.

gim : dɛ liak han xi gan sam xip bun gel lip ni da.

王 : 已經坐過火車，這次坐高速汽車去釜山，怎
　　麼樣？

**왕 : 열차를 타보았으니, 이번에는 고속버스로 부
　　산에 가면 어떨까요?**

wang : i-el ca ril ta bo a si ni, yi ben ie nūn go sok
　　　　be si ro bu san ie ga men e ddel gga yo?

金 : 在長途汽車站下了以後, 坐出租車去釜山港
的碼頭, 頂方便的。

김 : 좋습니다. 고속버스 터미널에서 내려 부산항
까지는 택시로 가면 무척 편리합니다.

gim : zo ssim ni da. go sok be si te mi nel ie se ɛ
bu san gga ji nūn tɛk xi ro ga mi-en mu cek
pi-en li ham ni da.

王 : 然後, 從濟州島到首爾的時候, 坐飛機去, 怎
么樣?

왕 : 그리고 제주도에서 서울로 갈 때는 비행기로
가면 어떨까요?

wang : gū li go jie zu do ie se se ui ro gal ddɛ nūn bi
hɛng gi ro ga mien e ddel gga yo?

金 : 好主意! 这样做可以節省不少时间。

김 : 좋은 생각입니다! 그러면 시간을 많이 절약할
수 있습니다.

gim : zo ūn sɛng gak yim ni da! gū le mi-en xi gan ūl
ma hi zel yak hal su yi ssim ni da.

王 : 出租車來了, 上車吧! 司機, 釜山旅客船站
在哪兒? 離這兒有多遠?

왕 : 택시가 왔습니다. 타시죠! 기사님! 부산여객
선 터미널은 어디에 있어요? 여기서 멀어요?

wang : tɛk xi ga wa ssim ni da. ta xi zo! gi sa nim! bu
       san i-e gɛk te mi nel ūn e di ie yit e yo? i-e gi
       se mel e yo?

司機 ： 在中央洞不太遠。快到了。

**기사 ： 중앙동에 있는데, 그리 멀지 않습니다. 다
      왔습니다.**

gi sa : zung yang dong ie yit nūn die, gū li mel ji an
        ssim ni da. da wa ssim ni da.

金 ： 有今天去濟州島的票嗎?

김 ： 오늘 제주도로 가는 표가 있습니까?

gim : o nūl jie zu do ro ga nūn pio ga yi ssim ni gga?

賣票員 ： 有, 晚上7點鍾的。你要幾張?

매표원 ： 네, 저녁 7시에 있습니다. 몇 장 드릴까요?

mɛ pio uon : nie, ze ni-ek yil gop xi ie yi ssim ni da.
             mi-et zang dū lil gga yo?

金 ： 請給我兩張。一共多少錢? 幾點鍾到濟州?

**김 ： 2장 주세요. 가격은 얼마이고, 몇 시에 도착
      합니까?**

gim : du zang zu xie yo. ga gi-e gūn el ma yi go,
       mi-et xi ie do cak ham ni gga?

賣票員 : 兩張就是八萬六千元。明天早上六點鍾
　　　　左右，可以到濟州島的。

**매표원 : 2장에 8만 6천 원이고, 내일 아침 6시
　　　　무렵에 제주에 도착합니다.**

mɛ pio uon : du zang ie bal man i-uk cen uon yi go, nɛ
　　　　　　yil a qim ie jie zu ie do cak ham ni da.

金 : 船開得很順理。但風浪愈来愈大。船搖擺得
　　十分厲害。你看起來臉色也不好，是不是暈
　　船了？

**김 : 배는 순조롭게 출항했는데, 풍랑이 갈수록 커
　　지고 배가 아주 심하게 흔들리는 것 같아요.
　　당신 얼굴색도 안 좋아보이는데, 배멀미하는
　　것이 아닌가요?**

gim : bɛ nūn sun zo lop gie cul hang hɛt nūn die, pung lang
　　　yi gal su lok ke ji go bɛ ga a zu xim ha gie hūn dūl
　　　li nūn ge gga ta yo. dang xin el gūl sɛk do an zo ha
　　　bo yi nūn die, bɛ mel mi ha nūn ge xi a nin ga yo?

王 : 我覺得不舒服，船晃得讓我惡心。啊，我覺
　　得要吐了。

**왕 : 속이 좀 불편해요, 배가 흔들리니 메스꺼워
　　요. 아, 헛구역질도 나오려고 하네요!**

wang : sok yi zom bul pi-en hɛ yo, bɛ ga hūn dūl li
　　　　ni mie sū gge wo yo. a, het gu i-ek jil do na o
　　　　li-e go ha nie yo!

金 : 別緊張! 上床躺着, 閉上眼睛。我給你拿暈
般藥和開水來。
김 : **너무 긴장하지 마세요! 침상에 잠깐 누워서
눈을 감고 계세요. 제가 멀미약과 물을 가지
고 오겠습니다.**
gim : ne mu gin zang ha ji ma xie yo! qim sang ie zam
ggan nu wo se nun ūl gam go gie xie yo. jie ga
mel mi yak gua mul ūl ga ji go o gie ssim ni da.

王 : 謝謝。
왕 : **감사합니다.**
wang : gam sa ham ni da.

生詞

節省	절약	zel yak
釜山旅客船碼頭	부산여객선 부두	bu san i-e gɛk sen te mi nel
中央洞	중앙동	zung yang dong
風浪	풍랑	pung lang
暈船	배 멀미	bɛ mel mi
惡心	메스껍다	mie sū ggep da

吐	구역질	gu i-ek jil
床	침상	qim sang
暈般藥	멀미약	mel mi yak

高速公路	고속도로	go sok do ro
高速公路上的立交橋	인터체인지	yin te qie yin ji
卡車	트럭	tū lek
翻斗車	덤프트럭	dem pū tū lek
拖車	트레일러	tū le yil le
拖拉車	트랙터	tū lɛk te
貨船	화물선	hua mul sen
客船	여객선	i-e gɛk sen
油船	유조선	i-u zo sen
輪船	기선	gi sen
車渡輪	카페리	ka pie li
漁船	어선	e sen
軍艦	군함	gun ham

(5) 렌터카(租車)

金 : 在濟州島里, 咱們親自來租一輛汽車, 旅遊
　　吧!
김 : 제주도 안에서는 우리가 직접 자동차를 빌려
　　서 여행을 하지요!
gim : jie zu do an ie se nūn u li ga zik zep za dong
　　　ca ril bil i-e i-e hεng ūl ha ji yo!

王 : 好的。那么, 咱們想去哪里, 就去哪里。挺
　　方便的。
왕 : 좋습니다. 그럼 우리가 가고 싶은 곳을 마음
　　대로 다닐 수 있어 무척 자유롭고 여유가 생
　　기죠.
wang : zo ssim ni da. gū lem u li ga ga go xi pūn go
　　　　sūl ma ūm dε ro da nil su yi sse mu cek za
　　　　i-u lop go i-e i-u ga sεng gi ji zo.

租貸车公司-職員 : 請進, 你需要租車嗎?
(렌터카 회사) 직원 : 어서 오세요. 자동차가 필요
　　　　　　　　　　하십니까?
(li-en te ka hue sa) jik uon : e se o xie yo. za dong ca
　　　　　　　　　　　　　　　ga pil yo ha xip ni gga?

金 : 是的，我想要租兩天。

김 : 네, 이틀 동안 사용하고 싶은데요.

gim : nie, yi tūl dong an sa yong ha go xi pūn die yo.

職員 : 有中型和小型汽車，你要什麼？

직원 : 중형차와 소형차가 있는데, 어떤 것을 원하
십니까?

jik uon : zung hi-eng ca wa so hi-eng ca ga yit nūn
die, e dden ge sūl uon ha xim ni gga?

金 : 我要租中型汽車。

김 : 중형차가 좋겠습니다.

gim : zung hi-eng ca ga zo gie ssim ni da.

職員 : 還需要司機嗎？

직원 : 운전사도 필요하십니까?

jik uon : un zen sa do pil yo ha xi nim ni gga?

金 : 不需要。我自己開車 一天租車費多少？

김 : 필요 없습니다. 제가 직접 운전을 하겠습니
다. 하루에 렌터카 비용이 얼마입니까?

gim : pil yo ep ssim ni da. jie ga zik zep un zen ūl ha
gie ssim ni da. ha lu ie li-en te ka bi yong yi el
ma yim ni gga?

職員 : 是十萬元。
직원 : 10만 원입니다.
jik uon : xip man uon yim ni da.

生詞

租車	렌터카	i-en te ka
中型汽車	중형차	zung hi-eng ca
小轎車, 小型汽車	소형차	so hi-eng ca
開車	운전	un zen

有關詞匯

加油站	주유소	zu i-u so
發動機	엔진	ien jin
車閘	브레이크	bū lie yi kū
刹車	브레이크를 걸다	bū lie yi kū ril gel da
離合器	클러치	kūl le qi
輪台	타이어	ta yi e
前燈	헤드라이트	hie dū la yi tū

6 비행기표 예약(預訂飛機票)

王 : 先預訂回首爾的飛機票吧!
왕 : 먼저 서울로 돌아갈 비행기 표를 예매해 두죠!
wang : men ze se ul ro dol a gal bi hɛng gi pio ril ye
mɛ hɛ du zo!

金 : 好的。這邊有旅行社, 咱們過去問一問。
김 : 네. 저 쪽에 여행사가 있으니, 가서 한 번 물
어봅시다.
gim : nie, ze zzok ie i-e hɛng sa ga yi ssū ni, ga se
han ben mul e bop xi da.

職員 : 請進。能幫你什么忙嗎?
(여행사) 직원 : 어서 오세요. 뭘 도와드릴까요?
(i-e hɛng sa) jik uon : e se o xie yo. muol do wa dū
lil gga yo?

王 : 我想在后天去首爾金浦, 可以預訂2張的單
程票嗎?
왕 : 저는 모레 서울 김포로 가려고 하는데, 편도
로 2장을 예약할 수 있습니까?
wang : ze nūn mo lie se ul gim po ro ga i-e go ha
nūn die, pi-en do ro du zang ūl ye yak hal su
yi ssim ni gga?

職員 : 是，你要幾點的票？還有普通艙與頭等艙，
　　　你要什么？

직원 : 네, 몇 시 표를 원하세요? 또 일반석과 일
**　　　등석 중에 어떤 좌석을 원하세요?**

jik uon : nie, mi-e xi pio ril uon ha xie yo? ddo yil
　　　　ban sek gua yil deng sek zung ie e dden zua
　　　　sek ūl uon ha xie yo?

王 : 想預訂下午5點左右的普通艙。

왕 : 오후 5시 경에 일반석을 예약하고 싶은데요.

wang : o hu da set xi gi-eng ie yil ban sek ūl ye yak
　　　　ha go xi pūn die yo.

職員 : 普通艙已經沒有座位了，只有頭等艙了。

직원 : 일반석은 모두 만 원이고 일등석밖에 없습니다.

jik uon : yil ban sek ūn mo du man uon yi go, yil
　　　　dūng sek ba ggie ep ssim ni da.

王 : 那么，查一下其他時間的飛機票。

왕 : 그러면 다른 시간대에 비행기 표를 알아봐 주
**　　　세요.**

wang : gū le mi-en da lūn xi gan dɛ ie bi bi hɛng gi
　　　　pio ril al a bua zu xie yo.

職員 : 有下午九点的普通艙。

직원 : 오후 9시에 일반석 표가 있습니다.

jik uon : o hu a hop xi ie yil ban sek pio ga yi ssim
ni da.

王 : 好的, 我要預訂。而且拜托你給我一個靠窗
的座位。

왕 : 네, 예약해 주세요. 그리고 좌석 하나는 창가
로 부탁합니다.

wang : nie, ye yak hɛ zu xie yo. gū li go zua sek ha
na nūn cang gga ro bu tak ham ni da.

職員 : 沒問題, 現在預訂好了。出發一個時間前,
到機場辦登機手續吧!

직원 : 문제없습니다, 지금 예약되었습니다. 출발
하기 한 시간 전에 공항에서 탑승수속을 밟
으시길 바랍니다!

jik uon : mun jie ep ssim ni da, ji gūm ye yak due e
ssim ni da. cul bal ha gi han xi gan zen ie
gong hang ie se tap sūng su sok ūl bal bū xi
gil ba lap ni da!

王 : 知道了, 謝謝你。

왕 : 알겠습니다, 감사합니다.

wang : al gie ssim ni da, gam sa ham ni da.

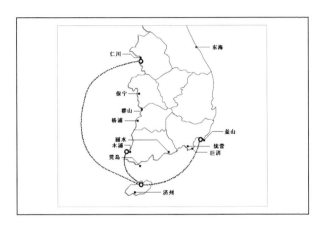

旅行社	여행사	i-e hɛng sa
金浦	김포	gim po
單程	편도	pi-en do
普通艙	일반석	yil ban sek
頭等艙	일등석	yil deng sek
滿員	만원	man uon
靠窗	창가	cang gga
機場	공항	gong hang
登機手續	탑승수속	tap sūng su sok

附　錄

中国驻韩国大使馆

大使馆地址: 首尔特别市 钟路区 孝子洞 54番地。
直班电话: 02-738-1038。

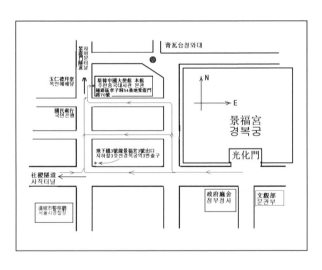

中国驻韩国大使馆领事部(首爾)

领事部简介

领事部共分证件，侨务，领事保护三个组，主要工作职能是：

维护在韩中国公民的正当权益，为中国公民提供领事服务和保护；促进侨团，侨社，侨胞间的团结、合作与发展；为中国公民办理护照，旅行证，公证认证；办理外国人赴华签证和认证。

领事部全体工作人员将竭诚为包括旅韩华侨在内的全体中国公民和华人朋友服务，也希望大家支持我们的工作，同时欢迎大家对我们的工作提出积极的建议。

领事部地址: 首尔市 中区 南山洞 2街 50－7。

地铁4号线明洞站3号出口向南山方向走400米左右

南山缆车站售票处附近。

领事部电话

证件咨询电话：060-704-5004

侨务及领事保护咨询电话：756-7300, 755-0453,
755-0456

电话使用方法：

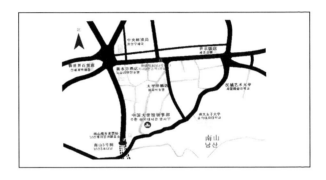

一. 有关证件事宜，请直接拨打证件咨询电话。

二. 有关领事保护及侨务事宜，在拨通总机后，再拨所找部门及人员的分机号码或按语音指示操作。语音指示第一单元为中文，第二单元为韩文，第三单元为英文。

三. 语音指示内容：

第一步，需要中文服务请按"1"，需要韩文服务请按"2"，需要英文服务请按"3"；

第二步，侨务请按"2"，领事保护请按"3"，传真请按"4"，值班服务请按"0"。重听请按"＊"，回上一级请按"#"。

领事部工作时间

办理证件时间：

申办护照，旅行证，公证，认证：

1. 接案时间：周一至周五 上午9：00~11：30
周一至周四 下午1：30~3：30；

2. 发证时间：周一至周五 上午9：00~11：50；

3. 周五下午不对外办公。中韩两国节假日一般不对外办公，其前后办公时间会有调整，届时请注意领事部通知。

侨务，领事保护工作时间：

周一至周五 上午9:00~11:30

周一至周四 下午1:30~5:00

周五下午不对外办公。

周六，周日休息。

釜山總领事部

地址：釜山广域市 海云台区 海边路47。
邮编：612−022。

交通: 乘地铁 2号线 在市立美术馆站 下车(③号出口)
直行 50m
乘以下公共汽车在奥林匹克交叉路(水飞交叉路)下车
5, 36, 38, 40, 109, 115, 115-1, 139, 140, 141, 142,
200-1, 239, 240, 302, 307, 2002, 2003

对外业务时间：每周1~5，上午 09：30~11：30
问询电话：051−743−7990 传真：051−743−7987

光州领事办公室

地址:韩国光州广域市 南区 月山洞 919-6番地。
邮编：503-230。

韩国光州广域市南区月山洞919-6番地[503-230]

联系电话：+82-60-704-3004 传真：+82-62-3858880

节假日值班电话：+82-10-2351-2110

1. 领事保护业务时间：

　　星期一至星期五 上午：09:00~12:00,

　　　　　　　　　　下午：13:30~17:30

　　领事保护专线电话：+82-62-385-8872

2. 签证业务时间：

　　签证接案时间为：普通, 加急件　周一至周五

　　　　　　　　　　AM 9:00~AM 11:30；

　　特急件　周一至周五 AM 9:00~AM 10:00。

　　签证发证时间为：普通, 加急件　周一至周五

　　　　　　　　　　AM 9:00~AM 11:30；

　　特急件　周一至周五 AM 11:30~AM 12:00。

* 办证时间在中韩两国节假日时会有调整, 请注意我领
  办通知。

3. 护照, 旅行证业务时间：

　　接案时间：周一至周五 AM 9:00~11:30；

　　旅行证, 台胞大陆通行证签注发证时间：

　　普通, 加急件　周一至周五 AM 9:00~11:30；

　　特急件　周一至周五 AM 9:30~11:00

护照发证时间：普通件　周一至周五

AM 9:00~AM 11:30

* 护照颁发w换发，补发件无加急或特急，护照办理时间
约需要7至10天。

* 办证时间在中韩两国节假日时会有调整，请注意我领
办通知。

4. 公证，认证业务时间：

接案时间：周一至周五 AM 9:00~11:30；

发证时间：周一至周五 AM 9:00~11:30；

* 办证时间在中韩两国节假日时会有调整，请注意我领
办通知。

5. 留学回国证明业务时间：

办理时间：周一至周五 PM 1:30~4:00

休息日：星期六，星期天

韩国公休日

中国节日：春节(农历正月初一至初三)

元旦(1月1日)

国际劳动节(5月1日)

国庆节(10月1-3日)

法務部地方出入境管理事務所

首爾出入境管理事務所(主樓-本館)	02)2650-6212-5
仁川空港(機場)出入境管理事務所	032)740-7393
仁川出入境管理事務所	032)890-6300
水原出入境管理事務所	031)278-3311-5
釜山出入境管理事務所	051)461-3021-5
金海出入境管理事務所	051)979-1301-2
大邱出入境管理事務所	053)980-3511-5
大田出入境管理事務所	042)254-8811-4
麗水出入境管理事務所	061)689-5500
議政府出入境管理事務所	031)828-9499
光州出入境管理事務所	062)384-9805
馬山出入境管理事務所	055)222-9272-5
全州出入境管理事務所	063)245-245-6161-3
春川出入境管理事務所	033)244-7351-3
淸州出入境管理事務所	043)236-4901-5
濟州出入境管理事務所	064)722-3494

外國人勞動者就業教育申請接受機關

(韓國産業人力工團)

首爾地區本部	02)3274-9658
首爾東部支社	02)230-61953
首爾南部支社	02)6343-1919
江原支社	033)248-8508
江陵支社	033)644-8213
仁川地區本部	032)820-8651-9
京畿支社	031)249-1241-9
京畿北部支社	031)863-4285
釜山地區本部	051)330-1910
釜山南部支社	051)265-9297
慶南支社	055)266-1919
蔚山支社	052)265-9297
大邱地區支社	053)585-1919
慶北支社	054)854-1919
浦項支社	054)283-1953

光州地區支社	062)970-1753
木浦支社	061)284-1953
全南支社	061)720-8525
全北支社	063)210-9206
濟州支社	064)751-1953
大田地區本部	042)580-9991
忠南支社	041)620-7619
忠北支社	043)840-6104

駐韓機構

中國銀行 首爾支店: 首尔钟路区瑞麟洞33永丰大厦20楼
02)399-6267

中國銀行 首爾九老支店: 九老區 九老3洞 155-75。
02)830-2878

中國銀行 安山支店: 京畿 安山市 檀園區 元谷洞
801番地 11號 031)493-4638

中國建設銀行 首爾支店: 首爾 中區 武橋洞 63。
02)6730-1718

中國工商銀行 首爾支店：首爾 中區 太平路2街 310。
02)755-5688

中國工商銀行 釜山支店： 釜山 東區 草梁1洞 1205-14。
051)463-8759

中国经济商务处 首尔中区新堂2洞406-2。
02)2253-7521-3

人民日报社首爾记者站 首尔西大门区大岘洞LG公寓
109-1203。02)365-6628

中国国际广播电台驻韩国代表部 首尔麻浦区城山洞
97-4宝永住宅404号。
02)334-2710

中国新华通讯社驻韩国代表部 首尔龙山区汉南2洞
726-111。02)795-8258

航空社

中國東方航空 首爾支店：首爾市 江南區 新沙洞 501-2。
02)518-0330

中國東方航空 金浦空港支店 ： 首爾市 江西區 傍花洞

712-1。02)2662-5400

中國國際航空 首爾支店：首爾市 中區 西小門洞 47-2。
02)774-6886

中國國際航空 釜山支店：釜山市 中區 中央洞4街 36-14。
051)463-6888

中國南方航空 首爾支店：首爾市 中區 西小門洞 58-7。
02)775-9070

中國南方航空 大邱支店：大邱市 東區 枝底洞 400-1。
053)985-9070

中國南方航空 濟州支店：濟州特別自治道 濟州市 蓮洞
301-7。064)749-9070

海運社

丹東海運 ： 032)891-3322

大仁훼리 ： 032)891-7100

범영훼리 ： 032)891-5555

한중훼리 ： 032)891-8880

華東海運 ： 032)891-8877

진천항운 ： 032)777-8260

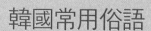
远亲不如近邻。

가까운 이웃이 먼 일가보다 낫다.

ga gga ūn yi u xi men yil ga bo da nat da.

越穷越见鬼。

가난한 집 제사 돌아오듯 한다.

ga nan han zip jie sa dol a o dūt han da.

来得早，不如来得巧。

가는 날이 장날.

ga nūn nal yi zang nal.

不说他秃，他不说你眼瞎。

가는 말이 고와야 오는 말이 곱다.

ga nūn mal yi go wa ya o nūn mal yi gop da.

人心換人心，人情換人情。
가는 정이 있어야 오는 정이 있다.
ga nūn zeng yi yi se ya o nūn zeng yi yit da.

毛毛细雨湿衣裳，小事不防上大当。
가랑비에 옷 젖는 줄 모른다.
ga lang bi ie ot zet nūn zul mo rūn da.

乌飞梨落。
까마귀 날자 배 떨어진다.
gga ma güi nal za bɛ ddel e jin da.

久旱逢甘雨。
가뭄에 단비.
ga mum ie dan bi.

寥寥无几 ; 寥若辰星。
가뭄에 콩 나듯.
ga mum ie kong na dūt.

多枝的树上风不止 ; 树枝多无宁日。
가지 많은 나무가 바람 잘 날이 없다.
ga ji man hūn na mu ga ba lam zal nal yi ep da.

有到喉咙没到肚。
간에 기별도 안 간다.
gan ie gi bi-el do a gan da.

风大随风,雨大随雨 ; 朝秦暮楚。
간에 붙고 쓸개에 붙다.
gan ie but go ssūl gɛ ie but da.

摸不着头绪。
갈피를 잡을 수 없다.
gal pi ril zap ūl su ep da.

鸭行老板管蛋闲事。
감 내놔라 배 내놔라 한다.
gam nɛ nua la bɛ nua la han da.

隔岸观火。
강 건너 불구경.
gang gen ne bil gu gi-eng.

有红装不要素装。
같은 값이면 다홍치마.
ga tūn gap yi mien da hong qi ma.

得了金饭碗忘了叫街时 ; 得鱼忘筌。
개구리 올챙이 시절 기억 못 한다.
gɛ gu li ol cɛng yi xi zel gi ek mot han da.

十个指头个个疼。
깨물어서 아프지 않은 손가락이 없다.
ggɛ mul e se a pū ji an hūn son ga lak yi ep da.

狗饭里的橡子一樣，不善于交际的人。
개밥의 도토리.
gɛ bap ūi do to li.

粪草堆出灵芝。茅屋出高贤。
개천에서 용났다.
gɛ cen ie se yong nat da.

狗八字倒是好命运。
개 팔자가 상팔자다.
gɛ bal za ga sang bal za da.

杞人忧天。
걱정도 팔자.
gek zeng do bal za.

白头偕老。
검은 머리가 파뿌리 될 때까지 행복하세요.
ge mūn me li ga pa bbu li duel ddɛ gga ji hɛng bo ka
xie yo.

狼吞虎咽地吃了个一干二净。
게 눈 감추듯 먹는다.
gie nun gam cu dūt mek nūn da.

以卵击石。
계란으로 바위치기.
gie lan ū ro ba yü qi gi.

龙虎相鬬,鱼虾遭殃 ; 城门失火,殃及池鱼。
고래 싸움에 새우등 터진다.
go lɛ ssa um ie sɛ u dūng te jin da.

爱走夜路,总要撞鬼 ; 夜长梦多。
꼬리가 길면 잡힌다.
go li ga gil mi-en zap hin da.

苦盡甘來。
고생 끝에 낙이 온다.
go sɛng ggū tie nak yi on da.

猫兒疼老鼠。
고양이 쥐 생각.
go yang yi züi sɛng gak.

勢不兩立 ; 針尖對麥芒。
고양이와 개.
go yang yi wa gɛ.

物極必反 ; 否極泰來。
곪으면 터지는 법.
gol mū mi-en te ji nūn bep.

皇天不負苦心人。
공든 탑이 무너지랴.
gong dūn tap yi mu ne ji lia.

寡妇的难处，寡妇知道。
과부 사정은 과부가 안다.
gua bu sa zeng ūn gua bu ga an da.

含糊其詞。
구렁이 담 넘어가듯.
gu leng yi dam nem e ga dūt.

珍珠三斗,成串才爲寶 ; 玉不琢不成器。
구슬이 서 말이라도 꿰어야 보배.
gu sūl yi se mal yi la do ggue e ya bo bɛ.

默不作声的人 ; 窝囊废 ; 草包。
꾸어 온 보릿자루.
ggu e on bo li za lu.

梦境还是现实。
꿈인지 생시인지.
ggum yin ji sɛng xi yin ji.

我做梦也想不到。
꿈에도 생각하지 못했다.
ggum ie do sɛng gak ha ji mot hɛt da.

袖手傍觀 ; 坐享其成。
굿이나 보고 떡이나 먹지.
gu xi na bo go dde ki na mek ji.

窮則變,變則通。
궁하면 통한다.
gong ha mi-en tong han da.

狗急跳墙。
궁지에 몰린 쥐가 고양이를 물다.
gong ji ie mol lin züi ga go yang yi ril mul da.

言人人殊。
귀에 걸면 귀걸이 코에 걸면 코걸이.
güi ie gel mi-en güi gel yi ko ie gel mi-en ko gel yi.

聋三年, 哑三年, 瞎三年。
귀머거리 삼 년 벙어리 삼 년 장님 삼 년.
güi me ge li sam ni-en beng e li sam ni-en zang nim
sam ni-en.

神乎其神 ; 鬼使神差, 活見鬼。
귀신이 곡할 일.
güi xin yi gok hal yil.

棍头出孝子, 娇养是逆子 ; 棒头出孝子。
귀한 자식 매로 키워라.
güi han za xik mɛ ro ki wo la.

画饼充饥。
그림의 떡.
gū lim ūi ddek.

金刚山也是饭后的景致。
금강산도 식후경.
gūm gang san do xik hu gi-eng.

无牛捉了马耕田。
꿩 대신 닭.
gguo dɛ xin dak.

一箭双雕 ； 一举两得。
꿩 먹고 알 먹기.
gguo mk go al mek gi.

路不像路不要走 话不像话别去理。
길이 아니면 가지 말고 말이 아니면 듣지 말라.
gil yi a ni mi-en ga ji mal go mal yi a ni mi-en dūt ji
mal la.

马的好坏骑着看，人的好坏等着瞧。
길고 짧은 것은 대어보아야 안다.
gil go zzal būn ge sūn dɛ e bo a ya an da.

别高兴得太早了。
김칫국부터 마시지 마라.
gim qi guk bu te ma xi ji ma la.

年龄不饶人。
나이는 못 속인다.
na yi nūn mot sok yin da.

有喜了, 我有了!
나 임신했어요!
na yim xin hɛ sse yo!

骆驼过针眼, 不可能。
낙타가 바늘구멍에 들어가기보다 어렵다.
nak ta ga ba nūl gu meng ie dūl e ga gi bo da e ri-ep da.

哑巴吃黄连有苦说不出。
남몰래 벙어리 냉가슴 앓다.
nam mol lɛ beng e li nɛng ga sūm al da.

这山看着那山高。
남의 떡이 더 커 보인다.
nam ūi ddek yi de ke bo yin da.

目不识丁。
낫 놓고 기역자도 모른다.
nat not go gi i-ek za do mo rūn da.

老嫂比母。
낳은 정보다 기른 정이 더 하다.
na hūn zeng bo da gi rūn zeng yi de ha da.

泥菩萨过河，自身难保；自顾不暇。
내 코가 석자.
nɛ ko ga sek za.

喝凉水剔牙，装象。
냉수 먹고 이 쑤시기.
nɛng su mek go yi ssu xi gi.

易如反掌。
누워서 떡먹기.
nu wo se ddk mek gi.

两全其美；皆大欢喜。
누이 좋고 매부 좋고.
nu yi zo go mɛ bu zo go.

掩耳盗铃；自欺欺人。
눈 가리로 아옹.
nun ga li go a ung.

掌上明珠。
눈 속에 넣어도 아프지 않다.
nun sok ie ne e do a pū ji an ta.

眼中钉，肉中刺。
눈에 든 가시.
nun ie dūn ga xi.

老了才学吹笛,吹到眼飜白。
늦게 배운 도둑이 날 새는 줄 모른다.
nūt gie bɛ un do duk yi nal sɛ nūn zul mo rūn da.

高枕无忧。
다리 뻗고 자다.
da li bbet go za da.

饱经风霜。
단맛 쓴맛 다 보았다.
dan mat ssūn mat da bo at da.

一口饭吃不饱人；一步迈不到天上。
단술에 배가 부르랴!
dan sul ie bɛ ga bu rū lia.

月满则亏，水满则溢。
달도 차면 기운다.
dal do ca mi-en gi ūn da.

女生外向 ；女大外向,死了外葬。
딸은 출가외인.
ddal ūn cul ga yue yin.

瞒天过海。
닭 잡아먹고 오리발 내 놓는다.
dak zap ya mek go o li bal nɛ not nūn da.

逐鸡望篱。
닭 쫓던 개 지붕 쳐다본다.
dak zzot den gɛ ji bung ci-e da bon da.

十拿九稳 ；完全有把握。
땅 짚고 헤엄치기.
ddang zip go hie em qi gi.

婆婆打我虽可恨，劝阻的姑子更可恶。
때리는 시어미보다 말리는 시누이가 더 밉다.
ddɛ li nūn xi e mi bo da mal li nūn xi nu yi ga de mip da.

从来不客气!
도대체 사양할 줄을 모른다니까!
do dɛ cie sa yang hal zul mo rūn da ni gga!

贼喊捉贼。
도적놈이 '도적아!' 한다.
do zek yi 'do zek a!' han da.

做贼心虚。
도적이 제발이 저리다.
do zek yi jie bal yi ze li da.

半斤八两。
도토리 키 재기.
do to li ki jɛ gi.

一个篱笆三个桩, 一个好汉三个帮。
독불장군.
dok bul zang gun.

瓮中之鳖。
독 안에 든 쥐.
dok an ie dūn züi.

有钱能使鬼推磨。
돈만 있으면 귀신도 부릴 수 있다.
don man yi ssū mi-en giü xin do bu ril su yit da.

财源广进。
돈방석에 앉다.
don bang sek ie an da.

挥金如土。
돈을 물 쓰듯 하다.
don ūl mul ssū dūt ha da.

前脚踏稳,再移后脚。
돌다리도 두드려 봐야 한다.
dol da li do du dū li-e bua han da.

神出鬼没。
동에 번쩍, 서에 번쩍.
dong ie ben zzek, se ie ben zzek.

不是怕他, 是不喜欢他, 所以回避他。
똥이 무서워서 피하냐, 더러워서 피하지.
ddong yi mu se wo se pi ha nia, de re wo se pi ha ji.

小斗出，大斗进。
되로 주고 말로 받는다.
due ro zu go mal ro bat nūn da.

人看细，马看蹄。
될성부른 나무는 떡잎부터 안다.
duel seng bu rū na mu nūn ddek yip bu te an da.

脚踏兩只船 ; 骑墙 ; 兩边倒。
두 다리를 걸치다.
du da li ril gel qi da.

孤掌难鸣。
두 손뼉이 맞아야 소리 난다.
du son bbi-e ki ma ja ya so li nan da.

外丑内秀。
뚝배기보다 장맛이 좋다.
dduk bε gi bo da zang mat yi zo ta.

不怕不识货，只怕货比货。
둘째며느리 맞아보아야 맏며느리가 무던한 줄 안다.
dul zzε mi-e nū li mat a ya mat mi-e nū li ga mu den
han zul an da.

耳不听心不烦，眼不见心不烦。
들으면 병이요, 안 들으면 약이다.
dūl ū mi-en bi-eng yi yo, an dūl ū mi-en yak yi da.

灯下不明。
등잔 밑이 어둡다.
dūng zan mit yi e dup da.

青天霹雳。
마른하늘에 날벼락.
ma rūn ha nūl ie nal bi-e lak.

心病还须心药医。
마음에 병은 백약이 무효다.
ma ūm ie bi-eng ūn bεk yak yi mu hi-u da.

心有余而力不足；力不从心。
마음은 굴뚝같다.
ma ūm ūn gul dduk ga ta.

百感交集。
만감이 교차하다.
man gam yi gio ca ha da.

包治百病之药方。

만병통치약.

man bi-eng tong qi yak.

一语值千金 ; 口惠而实不至。

말 한 마디로 천냥 빚을 갚는다.

mal han ma di ro cen nang bit ūl gap nūn da.

举手不打吃食的狗。

먹을 때는 개도 안 때린다.

mek ūl ddɛ nūn gɛ do a ddɛ lin da.

食之无味，弃之可惜 ; 啃鸡肋。

먹자니 싫고 버리자니 아깝다.

mek za ni xil go be li za ni a ggap da.

良药苦口。

명약은 입에 쓰다.

mi-eng yak ūn yip ie ssū da.

大海捞针。

모래밭에서 바늘 찾기.

mo lɛ bat ie se ba nūl cat gi.

吃浆糊生活的。生活非常艰难。
목구멍에 풀칠하다.
mok gu meng ie pul qil ha da.

谁渴谁掘井。
목마른 사람이 우물 판다.
mok ma rin sa lam yi u mul pan da.

无消息卽好消息。
무소식이 희소식.
mu so xik yi hūi so xik.

无子无忧。
무자식 상팔자.
mu za xik yi sang pal za.

水火不相容。
물과 불은 상극이다.
mul gua bul ūn sang gūk yi da.

无地自容 我真是无地自容!
몸 둘 바를 모르겠습니다!
mum dul ba ril mo rū gie ssim ni da!

七岁八岁讨人嫌。
미운 일곱 살.
mi un yil gop sal.

信不信由你。
믿거나… 말거나….
mit ge na... mal ge na...

表里不一。
밑구멍으로 호박씨를 깐다.
mit gu meng ū ro ho bak ssi ggan da.

塡不满的枯井。
밑 빠진 독.
mit bba jin dok.

办不成也赔不了本。
밑져야 본전.
mit ji-e ya bon zen.

形影不离。
바늘 가는데 실 간다.
ba nūl ga nūn die xil gan da.

风前残烛。

바람 앞에 등불.

ba lam ap ie dūng bul.

迫在眉睫。

발등에 불이 떨어지다.

bal dūng ie bil ddel e ji da.

说话没脚走千里；一传十，十传百。

발 없는 말이 천리를 간다.

bal ep nūn mal yi cen li ril gan da.

广交八方。

발이 넓다.

bal yi nel da.

隔墙有耳，背后有眼。

밤 말은 새가 듣고 낮말은 쥐가 듣는다.

bam mal ūn sɛ ga dūt go nat mal ūn zü ga dūt nūn da.

百闻不如一见。

백문이 불여일견이다.

bɛk mun yi bul i-e yil gi-en yi da.

人多好办事。
백짓장도 맞들면 낫다.
bɛk ji zang do mat dūl mien nat da.

有百害而无一利。
백해무익.
bɛk hɛ mu yik.

不入虎穴焉得虎子。
범굴에 들어가야 범을 잡는다.
bem gul ie dūl e ga ya bem ūl zap nūn da.

哑巴吃黄连有苦说不出。
벙어리 냉가슴 앓듯.
beng e li nɛng ga sūm al dūt.

谷米立越饱满，谷穗越重头。
벼는 익을수록 고개를 숙인다.
bi-e nūn yik ūl su rok suk yin da.

夫妻相骂不过夜。
부부 싸움은 칼로 물 베기.
bu bu ssa um ūn kal ro mul bie gi.

火上加油。
불난 집에 부채질하다.
bul nan zip ie bu cɛ zil ha da.

不幸中万幸。
불행 중 다행.
bul hɛng zung da hɛng.

华而不实。
빛 좋은 개살구.
bit zo ūn gɛ sal gu.

还说人家呢。
사돈 남 말하고 있네.
sa don nam mal ha go yit nie.

日久见人心。
사람은 지내 봐야 안다.
sa lam ūn ji nɛ bua ya an da.

爱情不分国界。
사랑은 국경이 없다.
sa lang ūn guk gi-eng yi ep da.

死后送药方, 来不及了。
사후약방문.
sa hu yak bang mun.

一分钱一分货。
싼 게 비지떡이다.
ssan gie bi ji ddek yi da.

丧家之犬。
상갓집의 개.
sang gat jip ūi gɛ.

食前方丈。
상다리가 부러지다.
sang da li ga bu re ji da.

三十六计走为上计。
삼십육계가 최고이다.
sam xip i-uk gie ga cue go yi da.

爱屋及乌。
색시가 고우면 처갓집 외양간 말뚝에도 절한다.
sɛk xi ga go u mi-en ce gat zip yue yang gan mal
dduk ie do zel han da.

诬陷好人；无事生非。
생사람을 잡다.
sɛng sa lam ūl zap da.

秉性难移。
세 살적 버릇이 여든까지 간다.
xie sal zek be rit yi i-e dūn gga ji gan da.

岁月如流水；白驹过隙。
세월이 유수와 같다.
xie yu wol i-u su wa ga ta.

亡羊补牢。
소 잃고 외양간 고친다.
so yil go yue yang gan go cin da.

雷声大，雨点小。
소문난 잔치 먹을 게 없다.
so mun nan zan qi mek ūl gie ep da.

趁热打铁。
소뿔도 단김에 빼야 한다.
so bbul do dan gim ie bbɛ ya han da.

对牛弹琴。
소에 경 읽기.
so ie gi-eng yil gi.

先上车，后补票。結婚前已經有喜了!
속도 위반!
sok do yü ban.

他和他父母一模一样。
쏙 빼닮다. 완전히 붕어빵이네요.
ssok bbε dam da. wan zen hi bung e bbang yi nie yo.

缺手，缺乏帮手的。
손이 모자란다.
son yi ma za lan da.

手把子大。
손이 크다.
son yi kū da.

如坐针毡。
송곳방석에 앉은 것 같다.
song got bang sek ie an zūn get gat da.

胡须五尺长，不吃非君子。
수염이 석자라도 먹어야 양반이다.
su i-em yi sek za ra do mek e ya yang ban yi da.

桶水兩盐，淡然无味。
술에 술탄 듯, 물에 물탄 듯.
sul ie sul yan dūt, mul ie mul tan dūt.

因噎废食。
쉬파리 무서워 장 못 담글까.
xüi pa li mu se wo zang mot dam gūl gga.

你不要这样斤斤计较好不好？
시시콜콜 따지지 좀 마라!
xi xi kol kol dda ji ji zom ma la!

万事开头难。
시작이 반.
xi zak yi ban.

易如反掌。
식은 죽 먹기.
xik ūn zuk mek gi.

失败是成功之母。
실패는 성공의 어머니.
xil pɛ nūn seng gong üi e me ni.

前功尽弃 ; 白费工夫。
십년공부 나무아미타불.
xip ni-en gong bu na mu a mi ta bul.

无风不起浪。
아니 땐 굴뚝에 연기 나랴.
a ni ddɛn gul dduk ie i-en gi na lia.

比喻一记闷棍 ; 突如其来。
아닌 밤중에 홍두깨.
a nin mam zung ie hong du ggɛ.

小事是大事的根。
아이 싸움이 어른 싸움 된다.
a yi ssa um yi e rūn ssa um duen da.

公说公有理，婆说婆有理。
**안방에 가면 시어머니 말이 옳고, 부엌에 가면 며
느리 말이 옳다.**
an bang ie ga mi-en xi e me ni mal yi ol go, bu ek ie
ga mi-en mi-e nū li mal yi ol da.

怨天尤人。做事不行的話，怨祖先。
안 되면 조상 탓만 한다.
an due mi-en zo sang tat man han da.

放债容易要债难。
앉아 주고 서서 받는다.
an za zu go se se bat nūn da.

母鸡鸣叫，家宅不宁。
암탉이 울면 가문이 망한다.
am tak yi ul mi-en ga mun yi mang han da.

成了鸡肋。
애물단지가 돼버리다.
ɛ mul dan ji ga duɛ be li da.

无所适从。
어느 장단에 춤추랴.
e nū zang dan ie cu lia.

牛鬼蛇神。
어중이떠중이.
e zung yi dde zung yi.

骑驴觅驴 ; 骑马找马。
업은 아이 삼 년 찾는다.
ep ūn a yi sam ni-en cat nūn da.

按头受拜。
엎드려 절 받기.
ep dū li-e zel bat gi.

接二連三 ; 雪上加霜。
엎친 데 덮치다.
ep cin die dp qi da.

近在咫尺 ; 近在眉睫。
엎어지면 코 닿을 데.
ep e ji mi-en ko da hūl die.

知人知面不知心 ; 水深可測, 人心難測。
열 길 물속은 알아도 한 길 사람 속은 모른다.
i-el gil mul sok ūn al a do han gil sa lam sok ūn mo rūn da.

气死我了!
열 받아 죽겠다!
i-el ba da zuk giet da!

人不经百语，柴不经百斧。
열 번 찍어 안 넘어가는 나무 없다.
i-el ben zzik e an nem e ga nūn na mu ep da.

十人守，防不过一贼。
열 사람이 지켜도 한 도적을 못 막는다.
i-el sa lam yi ji ki-e do han do zek ūl mot mak nūn da.

念佛不诚意，一心想吃斋。
염불에는 맘이 없고 잿밥에만 맘이 있다.
i-em bul ie nūn mam yi ep go zεt bap ie man mam yi yit da.

心惊肉跳 ; 提心吊胆。
오금이 저리다.
o gūm yi ze li da.

礼尚往来。
오는 정이 있어야 가는 정이 있다.
o nūn zeng yi yi sse ya ga nūn zeng yi yit da.

有一利必有一弊。
오르막이 있으면 내리막이 있는 법이다.
o ri mak yi yi ssū mi-en nε li mak yi yit nūn bep yi da.

吃着河水管得宽。
오지랖이 넓다.
o ji rap yi nel da.

美中不足。
옥에 티.
ok ie ti.

冤家路窄。
외나무다리에서 원수를 만나다.
yue na mu da li ie se uon su ril man na da.

井底之蛙。
우물 안의 개구리.
u mul an ūi gɛ gu li.

到井边要开水，操之过急。
우물에 가서 숭늉 찾다.
u mul ie ga se sung ni-ung cat da.

孩不哭，娘不奶。
우는 아이 떡 하나 더 준다.
u nūn a yi ddek ha na de zun da.

上梁不正下梁歪。
윗물이 맑아야 아래 물이 맑다.
üit mul yi mal ga ya a lɛ mul yi mal da.

伸手不打笑臉人。
웃는 얼굴에 침 못 뱉는다.
ut nūn el gul ie cim mot bɛt nūn da.

笑里藏刀。
웃음 속에 칼을 품다.
ut ūm sok ie kal ūl pum da.

猴子也有失手的时候。
원숭이도 나무에서 떨어질 때가 있다.
uon sung yi do na mu ie se ddel e jil ddɛ ga yit da.

人仗衣裳马靠鞍。
의복이 날개다.
ūi bok yi nal gɛ da.

杯弓蛇影。
의심이 병이다.
ūi xin yi bi-eng yi da.

死了张屠夫，不吃混毛猪。
이가 없으면 잇몸으로 산다.
yi ga ep sū mi-en yit mom ū ro san da.

看事做事 ; 看菜吃饭，量体裁衣。
이부자리 보고 발을 펴라!
yi bu za li bo go bal ūl pi-e la.

事在人为。
일이란 사람하기에 달렸다.
yil yi lan sa lam ha gi ie dal li-et da.

万事开头难。
일이란 시작이 어렵다.
yil yi lan xi zak yi e li-ep da.

费力不讨好。
일해 주고 욕 얻어먹었다.
yil hɛ zu go yok ed e mek da.

喋喋不休。
입방아를 찧다.
yip bang a ril zzi ta.

唇亡齿寒，唇齿相依。
입술이 없으면 이가 시리다.
yip sil yi ep sū mi-en yi ga xi li da.

言不由衷，家道口摆席。
입에 발린 말.
yip ie bal lin mal.

赞不絶口。
입에 침이 마르도록.
yip ie cim yi ma rū do rok.

快嘴快舌。
입이 가볍다.
yip yu ga bi-ep da.

有也好，没有也无所谓。
있어도 좋고… 없어도 그만….
yi sse do zo go… ep e do gū man….

养子方知父母恩。
자식을 낳아봐야 부모 마음 안다.
za xik ūl na ha bua ya bu mo ma ūm an da.

树大招风。
자식 많은 부모 맘 놓을 새 없다.
za xik man ūn bu mo mam no hūl sɛ ep da.

小的辣椒真辣 ; 譬喻人不可貌相。
작은 고추가 더 맵다.
zak ūn go cu ga de mɛp da.

人要倒霉，喝凉水也塞牙。
재수 없으면 뒤로 자빠져도 코가 깨진다.
zɛ su ep sū mi-en düi ro za bba zi-e do ko ga ggɛ jin da.

狗熊栽筋斗，胡人得赏钱。
재주는 곰이 넘고 돈은 되놈이 받는다.
zɛ zu nūn gom yi nem go don ūn due nom yi bat nūn da.

少年吃苦花钱买。
젊어서 고생은 사서도 한다.
zel me se go sɛng ūn sa se do han da.

眞是绝了!
정말 끝내준다!
zeng mal ggūt nɛ zun da!

弄巧成拙；聪明反被聪明误。
제 꾀에 제가 넘어가다.
jie ggue ie jie ga nem e ga da.

肥水不过别人田。
제 논에 물대기.
jie non ie mul dɛ gi.

看中了是爱物。
제 눈에 안경.
jie nun ie an gi-eng.

江山易改，本性难移；蛇入竹桶，曲形犹在。
제 버릇 개 못준다.
jie be rūt gɛ mot zun da.

纸老虎。
종이호랑이.
zong yi ho lang yi.

非驴非马 ；四不象。
죽도 밥도 아니다.
zuk do bap do a ni da.

生是婆家人, 死是婆家鬼；嫁鸡随鸡,嫁狗随狗。
죽어도 시집의 귀신.
zuk e do xi zip ūi giü xin.

死皇帝不如生叫花。
죽은 정승이 산 강아지만 못하다.
zuk ūn zeng sūng yi san gang a ji man mot ha da.

和尚不能剪自己的头。
중이 제 머리 못 깎는다.
zung yi jie me li mot ggak nūn da.

瓦片也有飜身日。
쥐구멍에도 해 뜰 날이 있다.
zü gu meng ie do hɛ ddūl nal yi yit da.

神不知, 鬼不觉。
쥐도 새도 모르게.
zü do sɛ do mo rū gie.

雅雀无声。
쥐 죽은 듯.
zü zuk ūn dūt.

本性难改。
집에서 새는 바가지는 밖에 나가서도 샌다.
zip ie se sɛ nūn ba ga ji bak ie na ga se do sɛn da.

此日彼日 ; 一天拖一天。
차일피일.
ca yil pi yil.

冷水也有上下之分。
찬물도 위아래가 있다.
can mul do yü a rɛ ga yit da.

姑娘生了孩子，也有的说 ; 无理还要搅三分。
처녀가 아이를 낳아도 할 말이 있다.
ce ni-e ga a yi ril na ha do hal mak yi yit da.

千里之行，始于足下。
천릿길도 한 걸음부터.
cen lit gil do han gel ūm bu te.

一口吃不成胖子。
첫술에 배부르랴!
cet sul ie bɛ bu rū lia!

衣服是新的好，朋友是旧的好。
친구는 옛 친구가 좋고 옷은 새 옷이 좋다.
qin gu nūn yet qin gu ga zo go ot ūn sɛ ot yi zo ta.

随友江南往。
친구 따라 강남 간다.
qin gu dda la gang nam gan da.

鼻子被打扁了。
코가 납작해졌다.
ko ga nap zak hɛ zi-et da.

鼻梁高。很有自尊，很傲气的样子。
콧대가 높다.
kot dɛ ga nop da.

种瓜得瓜，种豆得豆。
콩 심은데 콩 나고 팥 심은데 팥 난다.
kong xim ūn die kong na go pat xim ūn die pat nan da.

坚信不移 ; 视若靠山。
태산처럼 믿다.
tɛ san ce rem mit da.

老牛不喝水，不能强按头。
평안감사도 저 싫으면 그만이다.
pi-eng an gam sa do ze xil hū mi-en gū man yi da.

骨瘦如柴；皮包骨头。
피골이 상접하다.
pi gol yi sang zep ha da.

什么事情都有借口的理由。
핑계 없는 무덤 없다.
ping gie ep nūn mu dem ep da.

只知其一，不知其二。
하나만 알고 둘은 모르는 말씀입니다.
ha na man al go dul ūn mo rū nūn mal ssūm yim ni
da.

松了一口气。
한숨 돌리다.
han sum dol li da.

说曹操，曹操到。
호랑이도 제 말하면 온다더니….
ho lang yi do jie mal ha mi-en on da de ni….